초등 매일 글쓰기의 힘

초등 매일 글쓰기의 힘

● 글 잘 쓰는 아이가 왜 공부도 잘할까? ●

이은경 지음

상상아카데미

매일 글을 읽고 쓰면
어떤 기적이 일어날까요?

교실 속 아이들을 한 명씩 들여다보면 신기할 만큼 각자 개성이 뚜렷합니다. 생각도 성향도 취향도 모두 다르지요. 이렇듯 다양한 교실 속 아이들의 마음이 한데 모이는 순간이 있으니 바로 체육 시간과 글쓰기 시간입니다.

'모두 운동장으로!'라는 선생님의 지시는 기쁨이 되는 반면, 한 줄이라도 써야 하는 글쓰기 시간은 뭔지 모를 우울감까지 느끼게 합니다. 부모님의 간절한 바람과 달리 아이들 대부분이 글쓰기를 싫어합니다. 공부 잘하는 모범생도 시큰둥해 하고, 뛰어나가 달리고 싶어 들썩거리는 에너지 넘치는 아이들은 더욱 질색하죠. 게다가 그렇게 기다리는 체육은 일주일에 많아야 세 번이고, 되도록 하고 싶지 않은 글쓰기는 과목마다 툭하면 등장합니다, 이런.

아이들이 글쓰기를 싫어하는 것은 당연합니다. 어려워요. 다른 어떤 활동보다 머리를 많이 써야 하죠. 알고 있는 것, 생각한 것, 관찰한 것, 요약한 것, 궁금한 것, 느낀 것을 끌어모아 종합적인 사고력을 발휘해야 하는 가장 높은 수준의 학습이 바로 글쓰기입니다.

또, 다른 어떤 활동보다 대충했을 때 티가 많이 납니다. 공부 중에서도 연산 문제 풀기, 책 읽기, 교과서 복습하기는 어느 정도 적당히 영혼 없이 해도 그럭저럭 넘어갈 수 있지만, 글쓰기는 잘하면 잘한 대로, 대충하면 대충한 대로 바로 티가 납니다. 결과물에 대한 평가가 즉각적입니다. 난감하지요.

글쓰기는 초등 교실 속 아이들이 하루도 빠짐없이 하는 일입니다. 운 좋게 글 쓸 일이 없었던 날에는 알림장이라도 쓰고 가니까요. 좋아하지도 않고, 잘하지도 못하는 글쓰기를 매일 해야만 하는 난감한 우리 초등 아이들을 돕고 싶습니다. 그런 아이를 보며 답답하고 불안한 마음이 드는 부모님께 가정에서 매일 글쓰기를 시도해 볼 수 있는 만만하고 지속 가능한 방법을 소개해 드리고 싶습니다.

잘 쓰기 위해서는 써야 합니다. 간단하고 당연해 보이는 이야기지만, 반대로 생각해 보면 쓰지 않고서는 결코 잘 쓸 수 없습니다. 요즘 초등 아이들은 스마트폰을 손에 들고 태어나 인공 지능 스피

커와 대화를 나누는 알파 세대라고 불립니다. 정성 들여 길게 쓰다가는 유튜브 볼 시간과 게임 할 시간이 줄어드니 오직 빨리 써 버리는 것이 목표입니다.

이런 아이들에게 가장 절실한 것은 매끄럽고 논리적이며 맞춤법과 문법이 완벽해지는 기술이 아니라 '매일 쓰는 습관'입니다. 쓰는 습관이 자리 잡고 나면 욕심내지 않아도, 서두르지 않아도 자연스럽게 이전보다 조금씩 잘 쓰게 됩니다. 글쓰기는 다분히 그런 것입니다.

자전거를 잘 타기 위해서는 자전거에 올라 페달을 밟아야 합니다. 아이가 조금씩 더욱 잘 쓰기를 바란다면 뭐라도 끄적끄적 쓰게 만들어 주는 것에서 시작해야 합니다. 일단은 자전거에 올라 페달을 밟게 도와주는 것처럼 말이죠. 잘 쓰는 것은 다음 문제입니다. 첫 줄을 써야 한 쪽을 바랄 수 있고, 뭐라도 써야 조금이라도 더 잘 쓸 가능성이 생깁니다. 어제 간신히 두발자전거를 굴리기 시작한 아이에게 오늘부터 한 손을 놓고도 탈 수 있겠다고 하지 않는 것처럼 일단은 그저 뭐라도 쓰게 해 주세요. 한동안은 넘어지지 않고 앞으로 나가기만 하면 대견해하는 것처럼 일단은 쓰기만 하면 잘했다고 해 주세요.

이 책은 아무리 글쓰기를 싫어하고 어려워하는 아이라도 일단은 뭐든 쓰도록 돕는 방법에 관한 이야기, 쓰는 습관이 자리 잡히고 나서는 조금씩 더 매끄럽고 훌륭한 글을 쓰게 돕는 방법에 관한 이야기입니다. 초등 엄마라면 누구나 해 봤을 아이 글쓰기에 관한 무수한 고민에 대한 저의 상담 글이라고도 할 수 있습니다.

어떻게 하면 쓰지 않거나 적게 쓸까를 궁리하던 교실 속에서, 그리고 우리집 아이들에게 뭐라도 쓰게 만들기 위해 했던 다양한 시도 중 그 결과와 반응이 확실했던 것만 추렸습니다. 초등 아이를 키우는 부모라면 누구나 시도해 볼 만한 만만하고 만만한 방법들을 공유하고 싶습니다.

이 책의 핵심은 '초등 아이가 재미있고 만만한 글쓰기를 지속하는 방법'이며, 전체는 크게 두 부분으로 구성되어 있습니다.

1부에서는 초등에서의 매일 글쓰기 습관이 필요한 이유, 글쓰기를 위해 필요한 준비, 글쓰기 습관 만들기에 성공하는 비법을 알려 드립니다.

2부에서는 초등 글쓰기의 기본이지만 매일 똑같은 내용이 되풀이되었던 일기 쓰기, 글쓰기의 재미를 제대로 알아가는 자유 글쓰기, 툭하면 고함을 지르게 만들었던 속 터지는 독서록 숙제, 어렵게만 느껴지는 초등 논술의 엄마표 시작법, 가볍게 시도해 보는 초등 영어 글쓰기를 주제별로 자세히 설명하고 있습니다.

또, 가정에서 지도할 때 놓치기 쉬운 부분, 아이 글쓰기 지도에 대한 어른들의 오해, 아이가 쓴 글을 정리하고 보관하는 요령, 컴퓨터 글쓰기를 시도하는 방법 등도 자세하게 첨부합니다.

스마트폰 게임과 유튜브 영상의 즉각적인 반응에 익숙한 초등 아이가 그와 정반대인 재미없고 복잡하고 정적이고 어려운 글쓰기라는 것이 매일의 습관이 되도록 돕자고 제안하고 싶습니다. 습관이 되어 몸과 마음과 머리에 찰싹 붙어 버리면 썩 재미는 없을지 몰라도 할 만한 일이 되기는 합니다. 할 만해지고 나면 그때부터는 슬슬 기술이 붙기 시작하고, 점점 나아지는 내 글이 뿌듯하고 기특하여 괜히 한 번 더 읽어 보다가 한 쪽 더 쓰는 날들이 눈처럼 쌓일 겁니다. 그런 시간이 모여 훗날 아이가 어느 분야에서 어떤 일을 하게 되든 '글도 잘 쓰는 전문가'로 성장하게 돕고 싶습니다.

이것은 초등 아이들이 얼마나 글쓰기를 싫어하고 어려워하는지 아는 사람, 그런 아이들이 매일 즐거운 글쓰기를 통해 어떻게 성장하는지 오랜 시간 지켜본 저의 사명이라고 생각합니다. 그 무엇보다 중요하고 가치 있는 일이 될 것입니다.

이 책은 저의 열한 번째 책입니다.

혹시 첫 책부터 지금까지 읽어 주신 (진심으로 감사한) 독자님이라면 눈치채셨을지 모르겠습니다. 저는 지난 4년여간 매일 같이 책에 담을 글을 쓰다 보니 글이 정말 많이 늘었습니다. 마흔 넘은 나이에도 매일 쓰니 잘 쓰게 되더라고요. 돌아서면 깜빡하기 일쑤고, 드러누워 드라마 보며 히죽거리는 낙으로 사는 저 같은 아줌마도 근근이 매일 쓰면 잘 쓰게 되는데, 한창 자라는 우리 아이들이 매일 글을 읽고 쓰면 어떤 기적이 일어날까요? 제가 경험했던 놀랍고 고마운 기적이 이 책을 펼쳐 든 모든 가정의 초등 아이에게 일어나기를 기대합니다.

이 책에 나온 방법을 시도해 보고 작은 성공을 경험했다면 주저 말고 나누어 주세요. 네이버 카페 "슬기로운초등생활"에서 아이의 글을 기다리고 있겠습니다. 엄마가 내 글을 사진 찍어 올리고 자랑했다는 사실 하나만으로도 아이가 오늘 한 쪽 더 쓸 이유는 충분합니다.

뭐가 됐든, 어떻게든,
한 줄이라도 쓰게 해 보자고요.
사랑합니다.

이은경 드림

차 례

1 부

초등 매일 글쓰기의 힘

1장　글 잘 쓰는 아이가 왜 공부도 잘할까?

2 부

초등 영역별 글쓰기 도전하기

1부

초등
매일 글쓰기의 힘

글 잘 쓰는 아이가
왜 공부도 잘할까?

초등 교사라면 누구나 동의할 신기하고도 당연한 사실.

글 잘 쓰는 아이들이 공부도 잘한다는 것입니다.

아, 물론 공부 잘하는 아이 중에 글이 덜한 아이도

가끔 있습니다만 글 좀 쓰는 아이들은 대부분 성적이 훌륭합니다.

지금은 아니어도 틀림없이 점점 더 잘하게 될 거고요.

글 써온 실력으로 석차를 매기는 것도 아닌데,

이런 일이 일어나는 이유는 뭘까요?

글 잘 쓰는 아이들은

왜 공부도 잘하는 걸까요?

1

초등 글쓰기,
모든 공부의 핵심인 이유

4학년 담임을 할 때 만났던 지연이는 시간이 꽤 흐른 지금까지도 기억에 선명합니다. (모든 아이를 기억하면 좋겠지만 제 능력으로는 불가능하기에 얼굴과 이름이 잘 떠오르지 않는 아이들에게는 늘 미안한 마음입니다.)

지연이는 담임인 저의 호기심을 자극하는 아이였습니다. 교실에서 보내는 거의 모든 시간 동안 폭식하듯 다양하고 많은 책을 읽는 것도 신기했는데, 매일 같이 네다섯 쪽의 일기를 제출하는 아이였죠. (초등 담임이 일기 검사를 하던 시절이었어요.) 검사가 늦어져 일기장을 하루 이틀 늦게 돌려주면, 아이들 모두 잘됐다며 제 핑계를 대고 일기를 안 쓰는 게 보통이었어요. 그런데 지연이는 게으른 담임을 위해 일기장을 아예 두 권 마련해 놓고 번갈아 가며 하루도 빠짐없이 '자발적' 일기 쓰기를 이어 갔어요. (이렇게까지 열심히 쓰는 아이는 15년 교직 생활 통틀어 서너 명 정도입니다. 우리 애는 왜 이런 애가 아닌가, 너무 부러워하거나 자책하지 마세요.)

성실함과 분량도 대단하지만, 이 아이를 눈여겨보게 만든 것은 넘치도록 풍부한 내용이었어요. 지연이는 평소 일상에 불만이 많은 투덜이 스타일이어서 본인이 생각하기에 부당하고 불만스러운 점이 있으면 아무리 사소한 일이라도 깐깐하게 지적했어요. 도대체 무슨 생각을 하는지 궁금한 마음에 가만히 일기장을 읽다 보면 아이의 불평 가득한 논리에 제가 설득당하는 느낌이 들 정도였어요. 그만큼 조목조목 잘도 적어 놓았지요.

충분히 짐작하겠지만 지연이는 공부를 정말 잘했어요. 단원평가 등의 지필 고사를 보면 빠짐없이 거의 모든 과목에서 백 점이었죠. 1학년 때부터 그랬다고 하고, 제가 한 학교에서 지켜볼 수 있었던 6학년까지도 계속 그랬어요. 장담컨대 지연이는 중고등학교에서도 꾸준히 최상위권을 유지하고 있을 겁니다.

그 비결은 무엇일까요? 제가 지연이의 중고등 성적까지 확신하는 근거는 무엇일까요? 변변한 학원 하나 다니지 않고 수업 시간에 눈에도 잘 띄지 않는, 소극적이고 말수 적고 툴툴거리기 일쑤인 평범해 보이는 아이가 받은 높은 성적의 비결은 도대체 무엇이었을까요? 평소 갈고 닦았던 글쓰기 실력을 시험지에서 발휘한 덕분이었을까요?

정답은 글솜씨가 아니라 '생각하는 힘'이었습니다.

생각하는 힘 기르기

> 하루 10분이라도 매일 글을 써야
> 비로소 '생각'을 하게 된다.
> 어릴 때부터 짧게라도 꾸준히 글을 읽고 써 온 학생이
> 대학에서도 글을 잘 쓴다.
> - 낸시 소머스 교수, 하버드 대학교

글이라는 것은 정말 신기하고 놀라운 존재예요. 읽고 쓰는 경험이 반복되면 의식하지 못하는 사이에 '생각하는 근육'이 단단해집니다. 당연한 결과겠지만 이 근육은 자연스레 공부 머리와 연결됩니다. 그리고 읽고 쓰는 훈련을 통해 길러진 근육은 웬만해서는 쉽게 약해지거나 끊어지지 않습니다. 이 근육은 수업 중에 같은 내용을 들어도 더 빠르고 쉽게 이해하고 기억하도록 만들어 주기 때문

에 공부한 시간과 노력에 비교해 효율이 높을 수밖에 없습니다.

글을 쓴다는 것은 우리의 일반적인 기대보다 훨씬 더 높은 수준의 사고력을 요구합니다. 언어를 배우는 마지막 단계가 쓰기(Writing)인 것은 이유가 분명합니다. 아기는 태어난 순간부터 언어를 듣고, 1년 정도 듣고 나면 말하기를 시작합니다. 정확히 표현하면 옹알이에서 시작한 흉내 내기지요. 사실인지는 모르겠지만 강아지끼리도 짖는 소리로 대화를 한다고 하더라고요.

아기와 강아지도 사용할 수 있는 것이 음성 언어라면, 최소 5년 넘게 듣고 말해야 시도해 볼 수 있는, 강아지는 절대 흉내 낼 수 없는 언어의 형태가 바로 '문자 언어'입니다. 열심히 읽다 보면 흉내 내어 따라 쓰는 시기가 오지요. 또 '글자'라고 하는 문자 언어는 읽는 것에서 그치지 않고 단어의 쓰임과 문장의 구조를 생각하며 직접 글을 창작하는 행위로 이어집니다. 글을 쓰는 행위는 곧 듣고, 말하고, 읽는 수준이 안정된 인간만이 할 수 있는 최고 수준의 사고력을 요구하는 일입니다. 그래서 어렵습니다.

배우는 일, 즉 학습의 핵심은 '생각하는 힘'입니다.

교실에 나란히 앉아 매일 같은 수업을 듣지만 얼마나 학습이 일어났는지를 평가해 보면 결과는 제각각입니다. 이유가 무엇일까요? 예습과 복습을 얼마나 했는지, 수업 시간에 집중력이 얼마나 높은지, 그 과목의 공부 지능을 타고났는지보다 중요한 건 생각하는 힘의 차이입니다. 수업을 들으며 내용을 이해하고 암기하고 확장하는 힘은 생각하는 능력으로 결정됩니다. 배운 내용을 누군가가 일일이 정리해 주고, 확인해 주고, 보충해 주지 않아도 수업 중에 어느 정도의 깊이로 생각하며 받아들이느냐가 관건입니다. 같은 수업을 듣고 다른 결과를 보이는 아이들의 차이가 바로 여기에 있습니다. 그 힘을 기르는 가장 확실한 방법이 글쓰기입니다.

초등 아이는 많은 것을 가지고 있습니다.

시간, 가능성, 꿈, 창의성, 상상력, 게으름, 자신감, 열심, 의욕, 열정, 핑계, 욕심, 포기까지 아이가 가진 것은 다양합니다. 이들 중 상당수는 어른이 되면 없어지거나 희미해지거나 꺾입니다. 이들 중 좋은 것을 골라 무럭무럭 키워 주고, 안 좋은 것은 되도록 어릴 때 줄이거나 없애도록 돕는 것이 아이의 진짜 스승인 우리 부모의 역할입니다. 우리 아이가 나와 다른, 더 멋지고 열정적이고 능력을 제대로 펼치면서 행복하게 성장하는 삶을 살 수 있도록 그 방법을 끊임없이 고민하는 것 역시 부모의 역할이고요. (이미 잘하고 계십니다만!)

그렇다면 정답은 글쓰기입니다.

글을 잘 쓰는 것만으로 아이의 인생을 획기적으로 바꿀 수는 없지만 글 잘 쓰는 아이가 공부, 성적, 관계, 소통, 능력, 업무, 결정 등 학창 시절과 인생 전체의 요소들에서 탁월할 확률이 매우 높습니다. 초등에서의 매일 글쓰기는 생각하는 근육을 단단하게 만들어 주고, 중고등에서는 평가 점수를 보장해 줍니다. 또, 대학에 들어간 뒤에는 학점과 취업, 승진, 자격증, 면접, 창업 준비의 든든한 무기가 되어 줄 것입니다.

성인의 삶에서도 직장, 가정, 학업 등 제대로 잘해 보고 싶은 목표가 생기는 순간마다 어릴 때부터 길러 온 '생각하는 힘'을 이용한 글쓰기의 위력이 발휘될 것입니다. 아이가 간절히 꿈꾸던 분야의 전문가로 자리 잡아 가면서는 '글 잘 쓰는 과학자', '글 잘 쓰는 수의사', '글 잘 쓰는 디자이너', '글 잘 쓰는 파일럿'이 되어 주변의 존경과 관심을 받게 될 거예요. 장담합니다.

공부도 시킬 게 많은데, 글쓰기까지?

'부모의 할 일이 왜 이렇게 많은 거야.' 하고 부담스러워하기보다는 부모인 덕분에 아이에게 기꺼이 해 줄 수 있는 일이 있어 다행이라고 살짝만 마음을 바꾸어 보세요. 잘하고 싶어 낑낑대며 노력하는 아이가 아직 품 안에 있고, 부모를 세상의 전부로 여기는 초등 시기라는 점을 조금 더 즐겼으면 합니다.

학교생활의 절반 이상은 쓰기

교실 속 현실적인 이야기를 해 보겠습니다.

초등 교실에서는 매일 다양한 활동이 과제로 제시됩니다. 선생님은 과목별로 매시간 아이들이 '해야 할 것'을 안내합니다. 말하고, 듣고, 만들고, 그리고, 읽고, 쓰고, 움직이고, 정리하고, 찾고, 표시하고, 봅니다. (이렇게 많은 과제를 반 아이들 모두가 이해하기 쉽게 설명하는 일이 주된 업무다 보니 초등 교사라면 누구나 말솜씨가 보통 이상입니다.)

다양한 활동 중 압도적인 비중을 차지하는 것이 읽기와 쓰기이며, 학년이 올라갈수록 쓰기의 비중은 점점 커져 전체 활동의 절반 이상을 차지합니다. 써야 하는 분량도 많아집니다. 교과서에서 쓰라고 제시된 공간의 크기도 점점 넓어져, 6학년은 툭하면 한 쪽을 꽉 채워 써야 합니다. 쓰는 습관이 안 되어 있는 아이들의 학교생활이 고달픈 이유입니다.

또, 쓰는 글의 종류가 확연하게 다양해집니다. ('초등 국어 교육과정 중 쓰기 영역'은 51쪽에 정리해 두었습니다.)

입학 초기에는 선을 따라 긋고, 받침 없는 한글을 따라 쓰는 정도였지만 점점 일기 쓰기, 독서록, 교과서 문제 풀기, 편지 쓰기, 보고서 완성하기 등 학년이 올라갈수록 다양하고 복잡해진 쓰기 과제를 만납니다.

코로나 사태로 온라인 수업 기간 동안 (가정 교사가 되어야 했던 부모님과 카메라 렌즈를 보며 수업을 해야 했던 선생님들 모두 진심으로 고생 많으셨습니다.) 집에서 해야 했던 과제도 '쓰기'가 압도적으로 많았을 겁니다. 만들고, 연주하고, 실천하고, 읽으라는 과제도 종종 있지만, 과제의 상당수는 '쓰라'는 것입니다. 교과서 속 공간과 공책에 쓴 결과물을 사진 찍어 올려야 과제를 제대로 마쳤다는 확인을 받을 수 있었습니다.

그러니 글쓰기 경험이 적어 익숙하지 않은 아이는 번번이 고생스럽습니다. 친구들이 우르르 끝냈을 시간, 몇몇 아이들은 잘 썼다는 칭찬을 받기 시작하는 시간에 절반도 쓰지 못해 쩔쩔매며 속이 탑니다. 몇 배의 시간과 노력이 드는 것은 물론이고, 간신히 마쳤더라도 결과물이 별로인 경우가 더 많습니다. 이런 아이들이 과제를 확인받으러 나올 때 보면, 연필 잡았던 손이 벌게져 있고 땀에 젖어 축축합니다. '쓰는 근육'이 없어서 그렇습니다. 너무 안타깝습니다.

공부 잘할 필요 없다고, 애들은 그저 놀아야 한다며 성적을 강요할 마음이 없다는 이유로 글쓰기를 경험하지 않아도 된다는 것은 부모의 착각이고 자만일 수 있어요. 쓰는 근육이 없고 써 본 경험이 부족한 아이는 교실 안에서 늘 시간에 쫓기고 친구들보다 초라한 자신의 결과물을 보면서 자신감을 잃어버리게 되거든요.

자신감 좀 없어도 괜찮다고요? 아이는 그렇지 않아요. 잘하고 싶고, 칭찬받고 싶고, 지적받기 싫고, 친구들에게 으쓱하고 싶습니다. 그게 아이예요. 열심히 노력한 결과물에 대해 칭찬을 받아 본 경험이 있어야 자신감이 넘치고, 칭찬해 주신 담임 선생님을 좋아하게 되고, 학교 가는 길이 즐거워지는 거예요. 아이에게 학교는 가고 싶고, 재미있는 곳이어야 해요. 글쓰기를 연습하는 것으로 아이가 학교를 좋아하게 도울 수 있다면 시작할 이유는 충분하다고 생각합니다.

평가에 대비하는 가장 효율적인 방식

공부를 잘한다는 것은 결국 평가지의 문제를 잘 풀었다는 의미입니다. 아이가 공부를 잘하고 싶어 한다면, 아이가 공부 잘하기를 바란다면 아이가 마주할 평가의 출제 경향을 알고 대비할 수 있도록 돕는 게 기본입니다. 대부분 아이는 어른이 시키면 시키는 대로 열심히 하지만 그 방법이 맞는지 제대로 하고 있는 건지 판단할 수는 없습니다. (판단할 생각을 하지 않는다는 것이 더 정확한 표현이겠군요.) 시험을 잘 보고 싶고, 백 점 받고 싶고, 칭찬받고 싶어 열심히 공부하는 아이의 욕심은 그 자체로 순수하고 의미가 있습니다. 문제는 이렇게 잘하고 싶어 하는 아이의 공부 방향을 잘못 잡아서 엉뚱한 공부를 열심히 하게 만들고 실망을 반복하게 하는 일입니다.

초등에서의 서술형, 논술형 평가가 이미 수년 전부터 시행되고 있으며, 비중도 눈에 띄게 높아지고 있습니다. 모든 문항이 서술형, 논술형으로 출제되는 지역, 학교, 과목, 학년이 늘어나고 있어요. 지금은 아닐 수 있지만 멀지 않은 언젠가는 답안지를 글로만 채워야 하는 때가 온다는 의미입니다. 초등이 아니라면 중등에서 경험하게 될 거고요.

물론, 성적을 염두에 둔다면 글만 잘 써서 될 일은 아니죠.

중요한 개념과 공식은 이해한 후 외워야 하고, 제시된 지문의 핵심을 파악하는 것도 중요합니다. 수업을 집중해서 듣고 교과서 위주의 복습을 지속하는 이유입니다. 여기까지가 열심히 하는 아이들의 비슷한 모습이고요.

이제는 글쓰기라는 무기를 꺼낼 차례입니다. 알고 있는 것, 생각한 것을 글이라는 형식으로 표현할 수 있느냐가 초등부터 대학까지의 학업을 평가하는 기준입니다. 구슬이 서 말이라도 꿰어야 보배이듯, 열심히 공부해서 머리에 채워 놓은 개념과 지식을 글이라는 수단을 활용하여 얼마나 제대로 표현하느냐가 평가의 핵심입니다. 그래서 생각하는 힘이 부쩍 자라나고 좋은 습관이 자리 잡히기 적당한 초등 시기에 쓰기 근육을 만들어 주는 일을 함께해 보자는 겁니다.

초등 아이에게 쓰기는 숙제가 아니라 일상이 되어야 합니다. 매일 읽고 써야 합니다.

아이의 공부 시간을 조금도 더 늘릴 여지가 없는 빡빡한 일상이 계속되고 있다 하더라도 글쓰기를 시작해야 합니다. 한 가지를 해서 한 가지 효과밖에 볼 수 없는 단편적이고 일시적인 공부를 적당히 조절하여 생긴 작은 틈으로 글쓰기를 욱여넣어야 합니다.

일단 오늘부터,
문제집 하나만 줄여 봅시다.

2

독서와 글쓰기가
단짝인 이유

하품이 나도록 지루한 결론일지도 모르지만,
역시 아이들의 재능에 가장 큰 영향을 미치는 것은 독서다.
- 『내 아이를 위한 최선』, 기맷 포르

위의 글귀를 살짝 바꾸면 지금부터 제가 하고 싶은 말입니다.

하품이 나도록 지루한 결론일지도 모르지만,
역시 아이들의 글쓰기에 가장 큰 영향을 미치는 것은 독서.

책 많이 읽는 아이가 쓰지 못해 어려움을 겪는 일은 보기 어렵고요. 책은 멀리하면서 글만 훌륭하게 써 내는 아이도 없습니다. 아주 가끔 일시적으로는 가능할지 모르겠지만 지속적이기는 어렵습니다. 아, 책을 많이 읽기는 하는데 글솜씨가 제자리인 아이는 있을 수 있습니다. (저학년일수록 많습니다.) 그런 경우, 아직 글이 안 나오는 것이고, 머지않아 나올 거예요. (3년만 기다려 보세요.)

또, 가끔 책은 좀체 안 읽는데 글은 제법 잘 쓰는 아이, 있지요? 안타깝지만 오래 못 갑니다. 저주하는 게 아니고, 더 오래, 더 높이, 더 안정적으로 성장하기 위해서는 독서가 필수적으로 동반되어야 한다는 이야기입니다.

그만큼 독서는 글쓰기에 밀접한 영향을 미칩니다. 도대체 둘은 어떤 사이길래 이토록 붙어 다니는 걸까요?

둘이 단짝이 된 사연을 최대한 덜 지루하게 소개해 보겠습니다.

뇌를 활성화하는 독서

'쓰기'는 뇌가 할 수 있는 (해야 하는) 가장 어렵고 복잡한 활동입니다. 그래서 책 쓰는 일이 만만치 않다고 하는 거고, 책 한 권 쓸 때마다 전보다 확실히 똑똑해집니다. 같은 이유로 책 한 권 쓰고 나서는 조용히 절필하는 작가가 많습니다. (첫째 낳고 너무 힘들어서

둘째 생각도 못 하는 느낌, 아시죠?) 쓰는 내내 뇌와 손이 부지런하고 정확하게 협업해야만 하기에 언어와 관련한 그 어떤 활동(듣기, 말하기, 읽기)보다 복잡하고 밀도가 높습니다.

복잡하고 어려운 작업을 위해서는 '제대로 활성화된 뇌'가 필요합니다. 몹시 당연한 논리지만 잘 쓰려면 뇌가 팡팡 돌아가야 합니다. 생각하고, 판단하고, 비교하고, 대조하는 등의 두뇌가 할 수 있는 활동의 정수를 모은 것이 '쓰기'이기 때문이죠. 그래서 두뇌를 활성화하면 글을 잘 쓸 수 있는데, 뇌를 활성화하는 최적화된 활동이 바로 독서입니다.

꾸준한 독서를 통해 제대로 활성화된 뇌를 가진 아이는 그 힘의 도움으로 잘 쓸 수 있게 되고 글쓰기를 통해 생각하는 힘을 기른 아이는 이후의 학습과 성장을 위한 날개를 달게 됩니다. 초등 아이의 뇌가 독서를 통해 얼마나 활성화되느냐에 따라 이후의 학습, 성적, 학점, 일의 성과 등이 결정된다고 해도 과언이 아닌 이유가 여기에 있습니다. 두뇌, 성장, 학습의 결정적인 시기에 뇌를 자극하여 최대치의 발달을 끌어내도록 도와야 하는 이유이기도 합니다.

명차에는 고급 엔진 오일을 넣더군요. 고급 휘발유도 넣고요. 지금 아이의 두뇌는 인생 최고로 부드럽게 힘차게 돌아가고 있습니다. 독일 명차를 갓 뽑은 정도의 훌륭한 상태라고 생각하면 딱 맞습니다. 차를 출시했을 때의 상태를 최대한 오래 유지하기 위해

품질이 우수한 것들로 채우는 겁니다. 팡팡 잘 돌아가기 위해 준비 중인 아이의 두뇌가 더 잘 돌아가도록 독서라는 고급 엔진 오일을 넣어 주세요. 틀림없습니다. 뇌가 활성화된 아이는 그 도움으로 어렵지 않게 글을 술술 잘 쓰게 되고, 목표했던 성적도 얻게 됩니다.

독서 →(활성화된 뇌)→ 글쓰기 →(생각하는 힘)→ 학습

읽은 문장을 흉내 내는 '쓰는 뇌'

저는 매일 책을 읽습니다. 쓰는 게 직업인 저, 쓰지 못하는 날은 가끔 있어도 읽지 않는 날은 없습니다. 어쩌다 독서를 건성으로 하고 잠드는 날이면 영 찜찜하고 아쉽습니다. (그래 놓고 잠은 푹 잘 잡니다만.)

독서가 열렬한 취미냐고요? 취미로 말할 것 같으면 자전거 타기, 줌바 댄스, 넷플릭스 시청, 카페 놀이, 고구마 말랭이 만들기, 다육식물 키우기 등 번듯한 취미가 따로, 그것도 아주 많이 있습니다.

제게 독서는 취미가 아닌 생존이예요.

글로 먹고사는 사람이니까, 프로니까 그렇습니다. 평범한 정도

로는 안 되고 제대로 잘 써야 하니까 절실한 마음으로 매일 책을 읽어요. 절실한 마음으로 매일 글을 쓰는 게 아니라 매일 책을 읽습니다. 저의 '쓰는 뇌'를 만든 건 '읽기'라는 평범한 매일의 행동이었어요. 읽지 않았다면 절대 쓸 수 없었을 거고, 지금이라도 읽기를 중단한다면 제 글은 바람 빠진 풍선처럼 힘을 잃게 될 거라고 장담해요.

지금 이 책은 저의 열한 번째 책이에요. 제 글이 꾸준히 좋아지는 이유는 그간 매일 쓴 것도 큰 이유겠지만 첫 책을 쓰던 시절보다 훨씬 더 폭넓은 독서를 지속하고 있는 덕분이라 생각해요. 제가 더 잘 쓰는 사람이 될 거라 스스로 기대하는 이유도 열심히 읽고 있기 때문이고요.

저는 이 중요한 사실을 밝히 알기 때문에 매일 읽고 있습니다. 저희 아이들에게 매일 쓰라고는 안 해도 매일 읽을 것은 잔소리합니다. 이렇게 열심히 읽다 보면 메모할 만한 번뜩이는 문장을 발견하는 날도 있지만 그렇지 않은 날이 훨씬 많습니다. 그런데도 매일 읽는 이유는 남이 쓴 문장과 정성스러운 글들을 읽으며 저의 뇌에 새겨지게 하기 위함이에요. 써야 할 때, 저의 뇌 어딘가에 있던 무의식의 그것들이 자연스레 튀어나와 제 문장을 단단하고 정확하게, 날카롭고도 부드럽게 만들어지게 하는 작전이지요. 저의 '쓰는 뇌'는 언젠가 읽었던 문장을 두뇌의 어딘가에 알뜰하게 새겨 두었다가 써야 하는 골치 아픈 순간에 '툭' 하고 꺼내놓아 보이는 기특하고 부지런한 일을 지속하고 있답니다. 제가 독서를 멈출 수 없는 이유입니다.

독서로 키우는 엉덩이 힘

글은 연필이 아니라 엉덩이로 쓰는 거더라고요. 저의 빠른 원고 작업의 비결은 사실 '꼼짝하기 싫어하는' 성향 덕분입니다. 저는 한 자리에 뭉개고 되도록 오래 머무는 걸 좋아해요. 천성이 게으르고 느리고 귀찮은 게 많은 사람이라고만 생각했는데, 이런 점이 버티고 앉아 몇 시간이고 쓸 수 있는 비결이 될 줄은 몰랐습니다. (인생, 오래 살고 봐야죠?) 약점이라고 생각했던 것 덕분에 먹고 살고 있습니다.

아이의 글쓰기도 같습니다. 엉덩이가 무거워야 덜 힘들어요. 반들반들하게 잘 깎인 적당히 부드럽고 선명한 연필과 보기만 해도 쓰고 싶어지는 새로 산 공책이 있어도 엉덩이가 가벼우면 못 씁니다. 한 줄 쓰고 들썩이고 또 한 줄 쓰고 종알거리다 보면 연필은 굴러떨어지고 새 공책에 물 묻고 과자 흘려 지저분해지고 쓰기 싫어집니다. 앉은 자리에서 군소리 없이 한 쪽 뚝딱 써내는 아이를 기대한다면 엉덩이 힘이 좀 더해져야 덜 힘듭니다.

엉덩이 힘을 기르는 가장 쉽고 저렴하고 확실한 방법이 '독서' 입니다. 만화책이든 그림책이든 판타지 소설책이든 아이가 스스로 붙잡고 앉아서 한 시간 넘게 빠져 읽어 본 경험이 더해지면 엉덩이가 점점 묵직해집니다.

아이가 가지는 대부분의 힘이 그렇듯 엉덩이 힘 역시 하루 이틀에 생기거나 없어지지 않습니다. 생기고 있는 건지 어떤 건지 눈으로 확인하기도 까다롭기 그지없지만, 부모의 눈에 당장 보이지 않는다고 안 생기고 있는 게 아니에요. 그 크기를 확인할 수 없어 부모 마음만 불안한 것일 뿐, 좋아하는 책을 보며 키득거리는 아이의 사고력과 엉덩이의 힘은 자기만의 속도로 확장되고 있습니다. 언제까지 만화책만 보며 키득거릴 거냐고 한심하게 바라보지 마세요.

이륙을 위해 활주로를 천천히 움직이며 준비하는 비행기를 보면서 게으르다거나, 고장이 나서 못 날고 있다거나, 날개가 부러졌나 보다고 의심하지 않잖아요. 높이 날기 위해 정확하게 필요한 속도로 준비하는 중이라는 점을 당연하게 받아들이잖아요. 곧 날아오를 비행기에 앉아 창문 너머의 활주로를 만끽하듯 아이의 엉덩이가 아주 조금씩 단단하고 무거워지고 있는 지금을 따뜻한 눈으로 즐기며 여유롭게 바라보는 부모가 되기로 해요.

일단은 뭐라도 읽히면서 엉덩이 힘을 좀 키워 주자고요!

3

글쓰기가 너무 싫은
초등 아이들

한국독서교육개발원에서 초·중·고등학생을 대상으로
'글 쓸 때의 느낌'을 조사한 적이 있다. 그 결과 '고통스럽다'는
응답이 88%였다. '어떤 고통을 느끼는가'라는 질문에
'글을 쓰려면 머리가 아프다'는 응답이 가장 많았다.
- 『공부 머리를 완성하는 초등 글쓰기』, 남미영

아이들, 글쓰기 참 싫어합니다. 싫어하는 게 기본값이라고 생각
하세요. 질색하는 아이를 이해하고 관계를 잘 풀어가면서 글쓰기도
시도해 보려면 왜 이렇게 싫어하는지에 관한 이해가 필요합니다.

매우 희망적인 이야기를 먼저 드리면, 우리 아이만 이런 게 아니라는 사실이에요. 사람은 대부분 글 쓰는 거 싫어해요. 아이나 어른이나 다들 싫어합니다. 아이가 글쓰기를 싫어하면 '정상이구나.' 하고 생각하세요. 그렇게 오랜 시간 교실에서 많은 아이를 봐 왔지만 또렷하게 기억에 남는 글쓰기 좋아하는 아이는 한 반에 한두 명 정도였습니다.

이 글을 읽고 계실 학부모님께 여쭈어 보고 싶습니다.

글쓰기, 좋아하세요? 좋아하실 수도 있습니다. 그럼 하나 더 여쭙겠습니다. 혹시나 글쓰기를 좋아한다면 하루도 빠짐없이 매일 글을 쓰고 계세요? 선뜻 대답하기 어려울 거예요.

그렇다면 저는 어떨까요. 저는 쓰는 일이 직업인 사람입니다. 매일 써야 하고 글쓰기를 할 때면 기분이 좋고, 자신감이 넘치고 글 쓰는 시간이 기다려져야 하는 사람입니다. 천만에요. 외부 강연이 있어 글 쓸 시간이 나지 않을 것 같은 날이면 아침부터 설렙니다. 글을 못 써서 아쉬운 마음 전혀 없습니다. 또 어디 나갈 일 없나 괜히 다이어리를 뒤적거립니다. 그뿐만이 아니에요. 약속했던 원고 마감 기한이 다가오면 세상 근심 짊어진 힘든 표정으로 온 집안을 어둡게 만들어 버리기 일쑤예요. 밥맛도 없고 의욕도 없고 인생은 왜 이렇게 고통스러운 것인가에 관해 깊은 고민에 빠집니다. 제가 바빠 보이거나 아파 보이면 저희 아이들이 마감이냐고 묻습니다. 그 시간에 한 쪽이라도 더 쓰는 게 마감을 당기는 방법이라는 것을 알면서도 갖은 이유를 대며 꾀를 부립니다.

그래서 글쓰기 숙제하는 아이들의 심정은 누구보다 제가 절절히 이해합니다. 누가 쓰라고 시킨 적 없는 글을 쓰면서도 이렇게 도망가고 싶어지는데, 매일 글쓰기라는 관심도 재미도 없는 숙제를 받은 아이의 마음은 어떨까요.

저는 결정권이 있는 어른이니까 정 싫은 날이면 다 내버려 두고 쿨쿨 자다가 다음 날 밤을 새워 완성할 자유라도 있지요. 하지만 아이들은 오늘 일기 오늘 안 쓰면 오늘 죽습니다.

글쓰기가 도대체 뭐길래 초등 아이도, 엄마도, 작가인 저도 이렇게 부담스럽고 힘든 일인 걸까요?

글쓰기를 힘들게 느낄 수밖에 없는 글쓰기의 몇 가지 특징을 말씀드릴게요. 힘들다고 사정하고 도움을 바라는 아이의 마음을 공감하는 일에 활용하시기를 진심으로 바랍니다.

너무 번거로운 일

읽기와 쓰기는 생각하는 힘을 기를 수 있는 최적의 활동인데, 아쉽게도 읽기보다 쓰기는 훨씬 귀찮습니다.

초등이라면 공책, 연필, 지우개가 꼭 있어야 하고, 연필심 상태가 말짱해야 하고, 단단하지만 딱딱하지 않은 잘 지워지는 지우개도 필요합니다.

누워서는 쓸 수가 없으니 어쩔 수 없이 몸을 일으켜 책상 앞에 앉아야만 하는 것도 번거롭습니다. 읽기는 누워서도 가만히 눈만 움직이고 가끔 손으로 책을 한 번 넘겨 주면 되는데 쓰기는 뭐가 이렇게 까다롭습니까. 아주 조금, 아주 잠깐만 쓰고 싶은데도 이 모든 준비가 다 필요하지요.

읽기는 이미 만들어져서 냉동된 동그랑땡을 프라이팬에 데워 먹는 것 같은 느낌이고, 쓰기는 고기, 양파, 당근, 마늘을 잘게 다지고 반죽해서 동그랗게 만든 뒤에 밀가루와 달걀 물을 입혀 부쳐 내는 수제 동그랑땡이라고 생각하면 이해가 쉽습니다.

또 힘들게 만들었다는 이유로 결과물이 더 훌륭하다는 보장도 없습니다. 기껏 만들었는데 다음부터는 냉동을 사다가 해 달라는 둥 고기가 덜 갈렸다는 둥 간이 싱겁다는 둥 각종 평가가 오갑니다. '내가 다시는 동그랑땡을 만들어 주나 봐라.' 하고 이를 갈고 칼을 갑니다.

아이에게 쓰기가 딱 그렇습니다. 온갖 번거로움을 이겨내고 간신히 한 쪽 썼는데 맞춤법이 안 맞다는 둥 띄어쓰기가 틀렸다는 둥 분량이 적다는 둥 빨간펜으로 만신창이가 됩니다. 번거로울 거면 보람이라도 있어야 하는데 오직 번거롭기만 합니다.

손이 아파요

글 쓰라고 하면 초등 아이들이 빼놓지 않고 하는 말이 있어요.
'계속 쓰니까 손이 너무 아파요.'

그 말을 들은 부모님도 팽팽하게 맞섭니다.

'겨우 그거 쓰고 뭔 손이 아파. 그거 쓰고 손 아프면 힘들어서
죽어야겠네. 과자 먹을 때는 손 아프다는 말 절대 안 하면서.'

손이 아파서 손이 아프다고 하는 아이가 느끼는 솔직한 통증을
가볍게 생각하지요. 그런데 아이들은 정말 손 아픈 거 맞습니다. 지
금 연필 잡고 공책에 몇 줄만 연속해서 써 보세요. 그냥 쓰지 말고
자세 바로 하고 연필 제대로 잡고 또박또박 힘주어 써 보세요. (아
이에게 요구한 그대로) 분명히 손이 아픕니다.

생각해 보세요. 오래된 기억이라 가물가물하겠지만 한창 쓰던
어린 시절, 우리도 손이 아팠었습니다. 어른이 된 지 너무 오래되
다 보니 연필 잡고 쓸 일이 없어서 다 잊은 것뿐이죠. 어쩌다 미끄
러지듯 굴러가는 볼펜으로 짧은 메모 한 장 쓰는 것이나, 스치기만
해도 자음이 새겨지는 노트북의 키보드를 두드리는 우리는 글을
열심히 쓸 때만 만나는 손아귀의 통증을 잊은 지 꽤 오래입니다.
아이의 호소가 그저 투정으로 느껴지는 이유입니다.

고학년이 되면 한 쪽을 거뜬히 쓰고도 더 쓸 수 있는 이유는 단

순히 사고력이 깊어졌기 때문만은 아니에요. 신체 성장과 더불어 악력이 세졌기 때문이기도 해요. 저학년 아이가 손 아파서 못 쓰겠다고 하는 말은 믿어지지 않겠지만 진심이에요. 그렇다면 손 아프다는 아이에게 그만 쓰라고 할 것인가, 그건 또 아니지요. 몇 가지 처방을 드릴게요.

빨리 쓰면 더 아파요. 천천히 쓰게 하세요. 또 분량을 줄여 주세요. 손 아픈데도 꾸역꾸역 분량 다 채운다고 4차 산업혁명 시대의 인재로 성장할 가능성이 높아지는 게 아니에요. 그리고 틈날 때마다 매달리기를 하게 해 주세요. 방문에 설치하는 철봉 하나씩 달아 주세요. 매달려서 악력으로 버티는 일을 매일 반복하면 아직 어린데도 손 힘은 단단해집니다.

빨리 끝내고 싶은데 오래 걸려요

초등 아이의 인생 목표는 한결 같습니다.

빨리 끝내고 놀기. 우리 아이가 이렇다면 매우 정상적으로 잘 자라는 중입니다. 걱정할 것도 조급할 것도 없습니다. 빨리 끝내고 놀기 위해 아침 일찍 부지런히 공부를 시작하고, 조금이라도 더 얇은 책을 고르고, 글씨를 알아볼 수 없게 대충 쓰기도 합니다. 목표에 닿기 위해 나름 머리를 굴리고 요령을 찾아낸 것입니다.

그렇게 방법을 찾아가고 꾀를 부리는 것은 걱정하고 비난할 일은 아니에요. 한없이 우직하고 성실한 아이였다면 융통성이 없어서 걱정이라고 했을 거면서 아이가 머리 굴려 찾아낸 요령의 가치를 무시하지 마세요.

무엇을 쓸지 생각해야 하고, 무엇부터 쓸지 순서를 정해야 하고, 결정했다면 공책에 글로 표현해야 하는데, 쓰다 보면 갑자기 단어가 생각나지 않거나 맞춤법과 띄어쓰기가 헷갈립니다. 틀린 글씨를 발견하면 자체 오류 수정하느라 지우개가 바쁘고, 생각난 걸 다 썼는데도 몇 줄 되지 않아 남은 분량을 채우려면 또 생각을 짜내야 합니다. 무한 반복입니다.

분량을 다 채울 때까지 생각과 표현을 반복하면서 아이는 생각하는 힘을 엄청나게 기르고 있겠지만, 문제는 시간이 너무나 오래 걸린다는 슬픈 사실입니다. 잘 쓰려고 할수록 시간이 오래 걸리고, 대충 쓰면 혼나고 다시 써야 해서 또 오래 걸립니다. 해도 해도 쉽게 끝나지 않고, 끝내도 반응은 시원찮으면서 놀 시간을 훌쩍 잡아먹어 버리는 짜증나는 일, 바로 글쓰기입니다.

편한 것을 선호하는 뇌의 특성

우리의 뇌는 원래 편한 것을 좋아합니다. 그게 정상입니다. 성인,

아이 모두 그렇습니다. 저는 책을 쓰느라 있는 힘껏 뇌를 불편하게 만들고 나면 화분을 쳐다보면서 멍을 때립니다. 소진되어 꿈쩍하지 않는 뇌를 편안하게 쉬게 해 주기 위한 저만의 충전법입니다.

이렇게 편한 것을 선호하는 뇌의 특성 때문에 사람은 습관과 함께 나이 들어갑니다. 새로운 것, 불편한 것, 노력이 추가되는 것은 가능한한 피하고 싶고 원래 하던 일, 매일 하던 일, 주로 하던 일을 찾게 됩니다. 나이 들수록 뇌가 편안하게 느껴지는 방식, 즉 하던 대로, 습관대로 하면서 살고 싶습니다.

그래서 글쓰기가 어렵고도 쉽습니다. 아무 생각 없이 똑같이 매일 반복할 수 없기 때문에 정말 어렵고 힘들지만 습관으로 만들어 두기만 하면 거부감, 불편함 없이 뭐라도 쓰게 되는 것이기도 하기 때문이에요. 만들기 어려워 보이는 습관일수록 가랑비에 옷 젖듯 일찍 시작하되 보이지 않을 정도의 느린 속도로 진행해야 성공 가능성이 높아집니다.

4

교실 속 글 잘 쓰는
아이들의 공통점

저는 유년 시절부터 지금까지 줄곧 글쓰기에 관심이 높았기 때문에 학교에 근무하던 시절, 담임을 맡은 1년 동안만큼은 학년과 상관없이 우리 반만의 글쓰기 활동을 지속하려고 노력했습니다. 덕분에 글 속에 담긴 아이들의 마음을 수월하게 들여다볼 수 있었던 것이 참 좋았지요. 말수 없는 아이와는 일기장으로 수다를 떠는 느낌이었어요.

또 하나 큰 수확이 있었으니 글 잘 쓰는 아이들의 공통점을 발견해 냈다는 점이에요. 진심으로 값진 수확이지요. 이 아이들의 공통점을 알려드릴게요. 우리 아이가 아직 글이 서툴다면 집중해 주세요.

핵심은 글을 써서 칭찬을 받아 본 적이 있는가입니다. 칭찬을 받았지만 아직 잘 못 쓰는 아이는 있어도, 잘 쓰는 아이 중에 칭찬 못 받아 본 아이는 없습니다. 재미도 없고 이유도 모르는 글쓰기를 뚝딱 잘 해내는 아이들은 글을 잘 써서 크게 칭찬받아 본 경험이 있어요.

가장 압도적인 칭찬의 경험은 교실에서 친구들 모두가 지켜 보는 가운데 선생님께서 대놓고 극찬해 주시는 경우입니다. 아이의 동의를 구한 뒤 글을 반 전체 아이들에게 읽어 주기까지 한다면 당사자인 아이는 귀까지 빨갛게 달아오르며 쑥스러워하지만 속으로는 말로 표현할 수 없을 만큼 기분이 좋습니다.

그날 집에 갈 때는 걷지 않고 달립니다. 칭찬받았다는 사실을 말씀드리고 또 칭찬을 받고 싶으니까요. 칭찬받은 게 자랑스러워 집에 가서 말씀드리고 부모님께도 또 칭찬을 받습니다. 이 아이는 이제 글을 못 쓸래야 못 쓸 수 없습니다.

이럴 때 부모님의 반응이 매우 중요합니다. 아이가 학교에서 칭찬받았다고 이야기하면 반드시 격한 반응을 보여야 해요. 아이에게는 실로 벅차고 대단한 일이었거든요. 남들 다 받는 칭찬, 어쩌다 한 번 받는 칭찬, 별것도 아닌데 받은 칭찬이라며 대충 무심히 넘기는 실수를 하지 않기를 바랍니다.

교실은 서른 명 정도의 아이들이 각자의 실력과 개성과 착한 행동으로 칭찬받기 위해 경쟁하는 공간이에요. 꼭 칭찬을 받고 싶었던 것은 아니었는데도, 친구가 칭찬받으면 나도 받고 싶어져요. 그래서 노력해 봤는데 정말 칭찬을 받았다면 아이의 일상에는 기억하고 싶은 사건이 일어난 거예요.

교실에서 이름을 불러가며 콕 집어 칭찬할 때가 있어요. 그 순간 칭찬을 못 받은 아이들의 실망하는 눈빛이 그대로 느껴져 미안할 때가 많습니다. 그렇다고 모든 아이를 똑같이 뭉뚱그려 애매하게 칭찬하는 것은 안 하느니만 못하기 때문에 되도록 모든 아이를 빠짐없이 돌아가며 고루 칭찬하는 노력이 필요했어요. 노력을 기울였지만 담임 선생님도 부족한 사람이기에 칭찬을 덜 받는 아이는 있을 수밖에 없지만요.

글쓰기로 칭찬받아 본 아이들은 어려운 일을 해낸 자신이 뿌듯하고 칭찬받아 기분이 좋고, 또 받고 싶고, 또 받아서 엄마한테 자랑하고 싶어서 앞으로 글 쓰는 마음가짐도 글을 대하는 눈빛과 태도도 달라지기 시작해요. 그러니 글은 점점 더 좋아질 수밖에요.

안 시켰는데 일기를 두 쪽씩 쓰고, 주제도 내용도 훨씬 풍부해집니다. 아이의 글쓰기는 이제 고속도로를 탄 거예요. 손댈 일이 없어집니다. 글쓰기 실력은 글 쓰는 것으로만 발전할 수 있는데, 알아서 쓰기 시작했으니 실력은 자연히 따라오게 마련이지요.

교내 글짓기 대회에서 상을 받아 본 경험이 있는 아이들도 비슷한 경험을 하게 될 거예요. 열심히 썼고, 기대하긴 했지만 정말 상을 받고 보니 고생한 보람도 느껴지고 이런 상을 또 받고 싶다는 마음도 들겠지요. 여러 가지 부작용에도 불구하고 글짓기 대회를 운영하고 시상하는 이유가 여기에 있어요.

그렇다면 다른 아이들보다 글을 잘 쓰지 못해 교실에서 칭찬받아 본 적이 없고 상을 받아 본 적이 없는 아이는 어떻게 도와줄 수 있을까요?

그렇습니다. 정답은 부모입니다. 쟁쟁한 글쟁이들 틈에서 변변한 칭찬 한 번 받아 본 적이 없는 아이라면, 오히려 부모님의 칭찬이 효과를 제대로 발휘합니다. 우리 아이가 학교에서 칭찬을 자주 받지 못한다고 느껴진다면, 아이의 서운한 마음을 부모의 칭찬으로 채워 주려는 노력이 필요해요.

교실에서 자주 칭찬받는 아이들은 칭찬에 익숙해져 있어 부모의 칭찬에 무심한 반응을 보일 때가 많은데, 그렇지 않은 아이라면 부모의 칭찬을 통해 자신감을 얻고 서운한 마음을 달래기도 한답니다. 그러다 보면 언젠가는 교실에서 칭찬도 받고 상도 받아 가며 '글쓰기만큼은 나도 좀 잘해.'라는 마음이 생기겠지요.

5

초등 교실 속 학년별 글쓰기

초등 교실에서 아이들은 매일 글을 씁니다. 입학식 날 하루만 빼고 매일 씁니다. 교과서에 나온 문제를 풀기 위해 답을 쓰고, 독서록을 쓰고, 알림장도 쓰고, 수학 익힘책에도 풀이 과정을 씁니다. 친구에게 쪽지를 보내기도 하고, 모둠별로 큰 종이에 발표 자료를 만들 때도 글을 쓰지 않고는 아무것도 할 수가 없습니다. 글 못 쓰는 우리 아이, 수업 시간마다 곤란할 것을 생각하면 엄마 마음에는 묵직한 돌이 얹어진 느낌일 겁니다.

반대로 생각해 보면, 글쓰기에 겁 없는 아이들의 학교생활이 상대적으로 편안합니다. 수업 시간이 크게 어렵게 느껴지지 않고, 잘 쓰지는 못해도 뭐라도 쓰는 것은 가능하니 시간 내에 못 했다고 혼날 일이 적습니다. 실력이 비슷하다면 아는 것과 생각한 것을 글로 깔끔하게 정리해 놓은 아이들이 더 많이 칭찬받고 자신감을 갖게 될 확률이 높습니다.

초등 6년 동안 학년별로 국어과 교육과정에 배치된 '쓰기' 영역을 골라 보았습니다. 몇 학년 때 어느 정도의 글을 쓰게 되고 또 써야 하는지, 조급하지 않아도 되는 이유와 신경 써서 지도해야 하는 이유도 이곳에서 얻어 갔으면 합니다.

초등 국어 교육과정 중 '쓰기' 영역

1학년 1학기
• 낱말 따라 쓰기 • 친구 이름 쓰기 • 자음, 모음 쓰기

1학년 2학기
• 받침 있는 낱말 쓰기 • 문장 부호 익히고 쓰기 • 생각을 문장으로 쓰기

2학년 1학기
• 알맞은 낱말을 사용해 마음을 나타내는 글 쓰기 • 마음을 전하는 편지 쓰기 • 겪은 일을 차례대로 글로 쓰기 • 미래 일기 쓰기

2학년 2학기
• 인상 깊었던 일 쓰기 • 흉내 내는 말을 넣어 짧은 글 쓰기 • 인물의 마음을 생각하며 글 쓰기 • 겪은 일을 시나 노래로 표현하기 • 인물을 소개하는 신문 만들기

3학년 1학기	3학년 2학기
• 중심 문장과 뒷받침 문장을 생각하며 문단 쓰기 • 마음을 담아 편지 쓰기 • 글을 읽고 내용 간추리기	• 인상 깊었던 일 쓰기 • 자신이 쓴 글을 고쳐 쓰기 • 우리 반 소식지 만들기 • 느낌을 살려 시 쓰기

4학년 1학기	4학년 2학기
• 이야기의 흐름에 따라 내용 간추리기 • 읽는 사람을 고려해 생각 쓰기 • 사실에 대한 의견 쓰기 • 이야기를 읽고 이어질 내용 상상해 쓰기	• 만화 영화를 감상하고 사건을 생각하며 이어질 내용 쓰기 • 마음을 전하는 글 쓰기 • 이야기를 꾸며 책 만들기

5학년 1학기	5학년 2학기
• 경험을 떠올리며 시 쓰기 • 구조를 생각하며 글 요약하기 • 대상을 설명하는 글 쓰기 • 자료를 찾아 읽고 요약하기 • 호응 관계가 알맞은 문장 쓰기	• 체험한 일을 떠올리며 감상이 드러나는 글 쓰기 • 지식이나 경험을 활용해 함께 글 고치기 • 찾은 자료를 정리해 알기 쉽게 표현하기 • 매체를 활용해 겪은 일이 드러나는 글 쓰기

6학년 1학기	6학년 2학기
• 비유하는 표현을 살려 시 쓰기 • 이야기를 읽고 요약하기 • 타당한 근거를 들어 알맞은 표현으로 논설문 쓰기 • 속담 사전 만들기	• 작품 속 인물의 삶과 자신의 삶을 비교하며 자신의 생각 쓰기 • 자신이 꿈꾸는 삶을 작품으로 표현하기 • 상황에 알맞은 자료를 활용해 논설문 쓰기

(출처: 2017개정교육과정 초등국어과)

초등 6년의 국어 수업에서 생각보다 훨씬 다양한 글을 쓴다는 것을 알 수 있을 거예요. 그래서 수업 시간의 활동에 제대로 참여하기만 한다면 이처럼 다양한 종류의 글을 쓰게 된답니다.

교육과정에 등장하는 수많은 종류의 글을 일일이 집에서 예습, 복습하며 연습시킬 필요는 없어요. 글 쓰는 일이 너무 싫지 않고 너무 어렵지 않다면, 교실에서 배우고 쓰며 충분히 다양한 글쓰기를 경험하게 되거든요. 참고 자료로 활용하되, 어떤 종류의 글을 만나도 성실하게 완성하는 자세를 가진 아이가 되는 것이 가장 중요함을 기억하세요.

초등 교육과정 속 글쓰기의 종류별 특징 ✏️

일기	그날 겪은 일이나 생각, 느낌 등을 쓴 글
편지글	안부나 소식 등을 상대방에게 전달하기 위해 대화하듯이 쓴 글
설명문	어떤 지식이나 정보를 상대방이 이해하기 쉽게 풀어서 쓴 글
소개문	자신이나 가족, 어떤 대상을 알기 쉽게 소개한 글
생활문	생활 속에서 직접 겪은 일을 생생하게 쓴 글 자유 글쓰기, 주제 글쓰기의 시작이 되는 기본적인 글
기행문	여행하면서 보고 듣고 겪고 느낀 일을 자유롭게 쓴 글
논설문	자신의 의견을 논리적으로 주장하여 상대방을 설득하는 글
보고서 (실험/관찰)	실험하거나 관찰한 내용을 체계적으로 정리한 글
체험 학습 보고서	여행이나 견학을 통하여 배운 내용을 체계적으로 정리한 글
독후감	책을 읽고 줄거리와 느낀 점을 쓴 글
시	생활 속에서 느끼는 감정이나 생각을 짧고 리듬감이 있는 언어로 표현한 글

초등 6년, 우리 아이 글쓰기 로드맵

초등 글쓰기는 학교와 가정에서 아이의 속도와 성향에 맞추어 힘을 모을 때 최고의 효과를 기대할 수 있습니다. 올해 아이의 담임 선생님은 글쓰기에 관심이 없으실 수 있어요. 학생과 학부모가 선택할 수 없는 문제이며, 반드시 모든 교사가 글쓰기를 학급 특색으로 삼을 필요도 없습니다. 그 점 때문에 담임 선생님의 모습이 부족해 보이거나 불만스러울 수도 있어요. 잘 아는 사실이지만, 어차피 모든 면에서 골고루 완벽한 담임 선생님은 없습니다.

올해 우리 아이 담임 선생님께서 쓰기에 관심이 많고 열정적이라면 고마운 일이지만 아니어도 큰 상관은 없습니다. 학교에서 초등 교육과정을 성실히 밟아가는 중이라면 어떤 아이도 학교생활만으로 충분히 효과적인 글쓰기 훈련을 받고 있다고 해석할 수 있습니다. 그만큼 체계적으로 구성된 교육과정이기 때문입니다.

집에서 아이의 공부를 챙기는 부모의 할 일은 학교에서의 다양한 글쓰기가 한 번의 경험으로 끝나지 않고 매일의 글쓰기 습관으로 단련되도록 돕는 것입니다. 이 책 전체의 핵심이기도 합니다.

초등 교육과정에 충실하게 발맞춰 나가되 우리 아이만의 맞춤형 로드맵이 필요합니다. 학교의 글쓰기를 그대로 맞추어 복습하는 방법의 글쓰기도 도움은 되겠지만, 일률적으로 진행되는 교과서 기반의 글쓰기, 담임 선생님의 중점 영역에 따라 들쑥날쑥해지는 글쓰기에는 분명한 한계가 있습니다. 또, 초등 6년간 글쓰기 사교육을 지속하며 도움을 받는 것도 현실적으로 힘들기 때문에 사교육을 병행하거나 엄마표로 진행하는 과정의 뒤에는 초등 6년간의 글쓰기에 관한 큰 그림이 필요합니다.

여기서 말하는 큰 그림의 다른 의미는 '내 아이가 6학년을 졸업할 때쯤에는 어떤 종류의 글을 어느 정도의 분량, 수준, 글씨체 등으로 쓰는 것을 목표로 할 것인가'입니다. 분명 아이마다 가진 속도와 어려움이 다를 것입니다. 정체되거나 엉망이라고 느껴지는 날도 분명히 있을 겁니다. 모두가 과정이라는 것을 기억하고 초등 글쓰기의 큰 그림을 되새겨야 합니다.

글 쓰는 방법과 요령을 가르쳐 주는 학원은 있지만, 글쓰기를 좋아하고 자신감을 갖게 하고 매일 쓰는 습관을 만들도록 돕는 학원은 없습니다. 더 잘 쓸 수 있는 아이가 글쓰기로 날아오를 기회를 얻거나, 아직 힘에 부치는 아이가 자신만의 속도로 꾸준히 글쓰기의 경험을 쌓아갈 수 있도록 돕고 다음 단계를 안내하는 것은 가정과 부모의 역할입니다.

아이를 키우고 가르치는 것에는 정답이 없습니다. 하지만 방법과 요령을 조금 더 잘 아는 상태라면, 첫 아이지만 제법 여유로운 마음가짐으로 지도하는 것도 충분히 가능할 겁니다. 그렇게 되길 바라는 마음으로 초등 6년 글쓰기의 로드맵과 일주일의 글쓰기 계획의 예시를 공유해 봅니다.

초등 6년 글쓰기 로드맵 예시

	기본	심화
미취학	한글 읽기 선 따라 긋기	한글 쓰기(이름 쓰기)
1학년 2학년	한글 읽고 쓰기 그림 일기(칸 공책 5줄) 따라 쓰기(1문장) 받아쓰기	칸 공책 일기(1쪽) 칸 공책 독서록(1쪽) 자유 글쓰기 시도
3학년 4학년	넓은 줄 공책 일기(10줄) 자유 글쓰기(10줄) 독서록(독서 기록)	독서 논술 시도
5학년 6학년	일기 1쪽(15줄 이상) 자유 글쓰기(15줄 이상) 독서록(독서 논술, 독후감)	영어 글쓰기 시사 논술 시도 역사 논술 시도

초등 교육과정은 1, 2학년/3, 4학년/5, 6학년의 학년군 체제를 적용하고 있습니다. 1, 2학년의 2년 동안 도달해야 할 전체적인 목표가 있으며 2년간의 수업 시수가 같습니다. 초등 글쓰기의 로드맵도 2년 단위로 그려 보면 덜 조급하고 여유가 생깁니다.

학년별로 기본 글쓰기와 심화 글쓰기를 구분해 보았습니다. 지금 몇 학년이든 아직 글 쓰는 습관이 자리 잡히지 않았다면 기본 글쓰기를 목표로 해야 합니다. 억지로 더 많이, 더 빨리 쓰게 만드는 것은 일시적으로 가능하지만, 장기적인 관점에서는 절대 권하고 싶지 않습니다. 글쓰기라면 일단 거부하고 보는 아이가 될 수도 있거든요. 기본만 해도 정말 고맙다는 마음으로 시작하고, 기본이 자리 잡힌 아이라면 몸과 마음과 시간이 여유로운 방학 중에 심화 단계를 슬쩍 시도해 보세요.

일주일 글쓰기 계획 예시

	월	화	수	목	금	토	일
예시 1		자유			일기		
예시 2	일기		일기		자유		
예시 3	일기		독서록		자유		
예시 4	일기		일기		논술	자유	
예시 5	일기	일기	자유	일기	일기		
예시 6	자유	일기	독서록	일기	논술	영어	
예시 7	일기	자유	일기	자유	일기	자유	
예시 8	독서록	일기	일기	일기	일기	자유	자유
예시 9	일기	일기	일기	일기	영어	자유	자유
예시 10	일기	자유	일기	논술	영어	일기	일기

일주일 글쓰기 계획의 예시입니다. 이 중 아이에게 골라 보라고 해서 꾸준히 진행해도 좋고, 매주 다른 예시를 골라도 좋습니다. 주 2회에서 시작하여 매일의 글쓰기까지 도전해 볼 수 있는 목표가 되어줄 거예요.

또, 예시를 참고하되 아이가 일주일 글쓰기 계획을 직접 세워 보는 것도 의미가 있습니다. 자기가 세운 계획은 조금이라도 더 지키고 싶어지는 것이 아이들의 마음이고, 계획대로 실천해 본 성취감을 느껴야 또 다음 단계로 도전해 보고 싶어진답니다. 이렇게 일주일 단위의 계획을 세워 보았다면 글쓰기에 대한 호감도, 학년, 자발성 정도를 고려하여 한 달 단위의 계획을 세워 보는 것도 흥미롭습니다. 내가 한 달간 어떤 글을 얼마나 썼는지 알 수 있어 성취감을 느끼게 하는 즉각적인 보상이 됩니다.

매일 쓰는 습관을
위한 준비

독서는 그림책 읽어 주기로 준비했고,

수학은 손가락으로 연산 문제를 풀면서 준비했고,

영어는 영어 노래를 따라 부르며 준비했습니다.

그렇다면 매일 글쓰기 습관을 위해서는 어떤 준비가 필요할까요?

1

본격적인 글쓰기,
언제 시작하면 될까요?

핀란드는 8세 미만의 아이에게 모국어를 문자로 교육하는 것을 법으로 금지하고 있다고 합니다. 독일의 초등학교 취학 통지서에는 '귀댁의 자녀가 입학 전에 글자를 깨치면 교육과정에서 불이익을 받을 수 있습니다.'라는 경고 문구가 들어 있다고도 합니다. (출처:『공부머리 독서법』, 최승필)

독일의 초등학교 취학 통지서에 들어 있는 문구를 글쓰기에 관한 버전으로 바꾸어 보면 이렇습니다.

'귀댁의 자녀가 3학년 이전에 강제적인 글쓰기를 경험하면 이후의 학습 및 글쓰기 교육에서 실패 확률이 높아질 수 있습니다.'

3학년 이전의 아이에게 글쓰기는 놀이이거나 글씨 연습, 맞춤법 연습이었으면 합니다. 내 생각을 담은 글을 강요하고 논리적인 글을 기대하면 이후의 글쓰기 교육에서 실패할 확률이 높을 수밖에 없어요. 특별히 알려준 적이 없는데 글 속에 아이의 생각이 잘 드러나 있거나 재능이 보이더라도 부추기지 마세요. 글쓰기에 재미를 느낀 아이를 좌절하게 하지 마세요.

우리나라의 초등 교육은 뭐든 너무 빨라요. 백 번 양보해서 이해하려고 해도 심각합니다. 정신을 차릴 수가 없어요. 그렇게 허겁지겁 빨리 가서 기필코 뭐가 되느냐 하면 딱히 그런 것도 아니에요. 그냥 일단 뛰고 보는 거예요. 다들 뛰니까요. 출근길 전철 환승 구간에서 한 명이 뛰면 다 같이 뛰어요. 저도 막 따라 뛰어 본 적이 있는데, 맨 먼저 뛰기 시작했던 사람이 화장실로 쏙 들어가더라고요. (물론 뛴 덕분에 가까스로 전철에 올라 탄 경우도 분명히 있었어요. 하지만 어느 경우든 제가 뛴 이유는 사람들이 먼저 뛰었기 때문이었어요. 그러나 때마다 전철이 올 것 같은 느낌에 계속 따라 뛸 수는 없잖아요.)

글쓰기도 그래요. 조금 더 빨리 시작하고 더 긴 글을 쓰고 더 논리적인 글을 쓰는 것보다 중요한 것은 꾸준하고 단단하게 '생각하는 힘을 기르고 있느냐.'예요. 생각하는 근육이 단단해지고 자기만의 생각이 생기면 자연스럽게 말과 글로 표현되는 거예요. 저는 그 시기를 초등 3학년이라고 생각합니다.

아이의 생각은 실체가 보이지 않기 때문에 부모를 불안하게 합니다. 보이지 않기 때문에 생각이 없다, 생각이 짧다, 생각하지 않는가보다 단정 지어 버리고는 눈에 보이는 결과물을 당장 보고 싶어 해요. 말로 꺼내는 결과물을 보고 싶어 스피치 학원, 토론 수업에 보내고, 글로 만든 결과물을 보고 싶어 글쓰기 학원, 논술 수업에 보내죠.

초등 교사로 재직하던 시절, 교내 방과 후 수업을 참관할 일이 있었습니다. 제가 들어간 교실은 1, 2학년을 대상으로 하는 독서 논술 수업이었는데, 그때 보았던 아이들의 우울한 표정이 지금도 생각납니다. 당시 저는 2학년 담임이었기 때문에 그 수업에는 저희 반 아이들도 몇 있었지요. 독서 논술 선생님은 열정이 넘치셨고 복도까지 들릴 만한 큰 목소리로 줄곧 활기찬 수업을 이어가셨어요. 재미있게 읽었던 『마당을 나온 암탉』이라는 책으로 진행된 수업이었기 때문에 제게도 흥미로운 수업이었어요.

이 정도의 수업이라면 아이들이 재미있어할 거라 예상하고 반응을 살폈는데 전혀 아니었어요. 뜻밖의 광경을 보았죠. 영상물, 종이 자료, 파워포인트 등으로 많은 준비를 해 오신 선생님의 노력에도 불구하고, 아이들은 힘들고 지루한 시간을 그저 견디고 있었어요. 재잘거리며 생기 넘치던 그 아이들이 아니었어요. 써야 할 글에 관한 설명이 끝나고 '글을 써 보자.'라는 말과 함께 글쓰기 시간이 시작되었는데, 한없이 지루한 표정으로 하품을 반복하며 간신히 써 내고는 엎드리더라고요.

다음 날, 아이들에게 물어봤어요.

"어제 독서 논술 수업 재미있지 않았어? 어땠어?"

"너무 지루해요. 글 쓰는 거 너무 힘들고 싫어요."

"그러면 그 수업은 왜 신청한 거야?"

"저는 클레이 수업에 가고 싶었는데, 엄마가 독서 논술 수업에 가면 클레이 수업도 시켜 준다고 해서 신청했어요."

"어제 지루해 보이던데 어제만 지루한 거였어? 아니면 원래 좀 지루한 편이야?"

"어제는 그나마 좀 재미있는 편이었어요."

글 쓰는 것에는 관심도 흥미도 없는 1, 2학년 아이들이 일주일에 두 번씩 수업을 들으며 글쓰기와 멀어져 가고 있었어요. 강요된 글쓰기, 생각보다 앞서는 글쓰기, 결과물을 얻기 위한 글쓰기가 아직 글쓰기의 재미를 느껴 본 적 없는 아이들을 힘들게 하고 있었어요.

담당 과목 선생님의 수업 준비와 설계에 문제가 있었던 게 아니에요. 아이들의 글쓰기 실력이 부족하거나 글쓰기에 유달리 흥미가 없는 것도 아니었어요. 시기의 문제예요. 글쓰기 교육의 적기에 관한 문제인 거죠.

초등 저학년은 그림 일기를 서너 줄 써 보고, 아무거나 낙서처럼 쓰는 일도 해 보고, 좋아하는 책 속 한 문장을 옮겨 적는 정도면 딱 좋은 시기예요. 책을 읽고 주인공이 했던 행동에 대해 어떻게 생각하는지 서론, 본론, 결론에 맞추어 쓰고 왜 그렇게 생각하는지 근거를 찾아 쓰는 것은 너무 벅찬 일이에요. 어려우니까 싫어지는 거예요.

글쓰기의 즐거움, 글쓰기에서 얻는 성취감을 쌓아 가던 아이가 내 생각이 담긴 글을 본격적으로 쓰기에 적당한 시기는 3학년입니다. 빠르면 2학년도 가능하고, 늦은 친구는 4, 5학년까지 기다려야 하기도 합니다. 가끔이지만 1학년 때부터 자기 생각을 곧잘 쓰는 아이도 있어요. 그 아이는 타고난 언어 지능이 유달리 높은 경우이고, 우리 아이는 그런 아이가 아닐 확률이 높아요.

아이가 5, 6학년이 되었을 때 쓸 수 있는 글의 깊이와 수준은 언제 시작했느냐, 어떤 수업을 받았느냐보다 6년이라는 짧지 않은 시간 동안 독서를 통해 얼마나 생각 근육을 단단히 만들었느냐, 얼마나 꾸준히 써 왔느냐로 결정됩니다.

그래서 일찍부터 여러 가지를 시켰던 고학년 엄마들이 속상해합니다. 더 잘하라고 돈 들여서 좋다는 거 많이 시켰는데 지금 와서 보니 별반 차이가 없어 보여 허무하다고 합니다. 이럴 거면 그 돈으로 떡 사 먹을 걸 그랬다고요.

네, 그러니 나중에 아쉬워하지 말고, 지금 그 돈으로 미리 떡 사 드세요.

2

초등 글쓰기용 공책, 필기구 선택법

초등 글쓰기는 필기구의 영향을 많이 받습니다. 생각해 보면 어른도 그렇습니다. 마음에 드는 필기구를 만나면 좀체 쓰지 않던 사람도 새삼 끄적이게 됩니다. 저도 작년에 친구에게 만년필을 선물 받고는 한동안 손글씨로 일기 쓰기에 푹 빠져 지냈던 기억이 나네요.

저는 연말이면 대형서점에 갑니다. 살 책도 없으면서 가깝지도 않은 대형서점을 찾아 가서는 다이어리 코너에서 허리가 뻐근해질 때까지 오랫동안 머물곤 합니다. 그렇게 수고스럽게 오래 고민하여 고른 다이어리일수록 꾸준히 쓸 확률이 높기 때문입니다. 학교에서 일괄 구입해 나누어 준 양지 다이어리나 시어머님이 챙겨주신 농협 다이어리는 한두 달이면 시들해지는데 말입니다.

혹시 어릴 때 쓰던 일기장이 기억난다면 떠올려 보세요. 수업 시간에 쓰던 공책도 좋습니다. 누가, 언제, 어디서, 어떻게, 왜 사게 된 물건인가요? 시장에 나갔던 엄마가 사다 주신 것일 수도 있고, 학교 앞 문구사에서 직접 골라온 것일 수도 있어요. 조금 더 구체적으로 기억을 떠올려 볼까요? 어떤 공책을 펼쳤을 때 글쓰기가 좀 덜 힘들고, 쓰고 싶어지는 마음이 생기고, 얼른 써서 공책을 채워야겠다는 마음이 들던가요? 정답은 '내가 고른 공책'일 거예요. 표지부터 내지까지, 가격과 두께도 이리저리 만져보고 둘러보고 고민하다가 겨우 한 권 골라서 돌아온 공책이어야 내 것 같고, 더 애틋하고 소중한 마음이 들었을 겁니다.

공책은 직접 골라야 제맛

글쓰기를 시작할 아이의 공책은 아이가 직접 고를 기회가 필요해요. 직접 골라 보라고 하면 그 많은 것 중 하필이면 (엄마 눈에 완전 별로인) 공책을 사겠다고 내밀 거예요. 그럴 땐 토 달지 말고, 거절하지 말고, 다른 공책 권하지 말고 그냥 사 주세요. 표지든 속지든 두께든 아이만의 선택 기준이 있었을 텐데 그것을 그대로 존중해 주세요.

선택을 해 봐야 자기만의 안목이 생깁니다. 또, 직접 골라야 한 글자라도 더 쓰려고 애착을 보입니다. 인터넷으로 주문한 열 권짜리 묶음을 쟁여 놓으면 엄마는 한동안 신경 쓸 일 없어 든든할지 모르지만 아이는 취향과 맞지 않는 공책을 열 권이나 지겹게 쓰면서 그중 한 권도 제대로 못 채우고 흐지부지하게 될 거예요. 어쩌다 문구사에 들렀다가 마음에 드는 공책을 발견하고 사달라는 아이에게 집에 공책 많은데 왜 또 사달라고 하냐며 거절하게 되는데, 아이는 똑같이 생긴 마음에도 안 드는 공책을 열 권씩이나 사달라고 한 적 없습니다.

기회가 될 때마다 문구사 공책 판매대에 들르세요. 책 고르는 안목을 키우기 위해 서점과 도서관을 찾았던 것처럼 글쓰기를 즐기는 아이로 키우고 싶다면 다양한 공책들 앞에 데리고 가야 합니다. 한 권씩 열어 보고 비교해 보고 찾는 것이 없으면 여쭤 보고 뒤져서라도 자기 마음에 드는 공책, 쓰고 싶은 마음이 들게 만드는 공책을 찾게 해 주세요.

학년별, 글쓰기 용도별 공책을 종류별로 알아 보겠습니다. 학년이라는 기준이 있지만 절대적이지 않습니다. 이제 막 글쓰기를 시작했다면 '또래 학년보다 좀 느리겠구나.' 하고 생각하면 되고, 저학년 때부터 꾸준히 써온 아이라면 공책의 수준도 빠를 수 있어요. 그렇기 때문에 학년에 매이기보다는 아이만의 진도와 속도를 존중하여 중학생용 공책을 선택해도 괜찮습니다.

초등 글쓰기용 공책의 종류와 특징

📖 그림 일기장

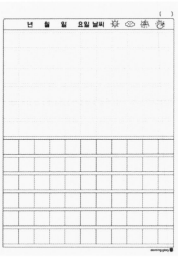

그림 일기장 표지, 본문

(출처: 모닝글로리)

- 미취학, 1학년용
- 첫 글쓰기를 위한 그림 일기장입니다. 날짜 – 그림 – 글 순으로 구성되어 일기를 처음 쓰는 7세, 1학년도 부담 없이 시작할 수 있습니다. 두세 문장 정도면 글씨 칸(보통 다섯 줄)이 가득

차기 때문에 글보다 그림 위주의 활동이라고 생각하면 됩니다.

- 펼쳤을 때 왼쪽에 그림을 그리고 오른쪽에 글을 가득 쓰는 디자인의 그림 일기장도 있어요. 일기 쓰기 초기에는 추천하지 않습니다. 한 쪽에 그림과 글을 다 담는 것으로 시작해서 천천히 글의 분량을 늘려가면 됩니다.
- 한 문장만 써도 만족하고 칭찬해야 한 쪽을 가득 채우는 날이 옵니다.

칸 공책 (10칸/8칸)

- 미취학, 1, 2학년용
- 자연스러운 띄어쓰기 연습이 가능해 글쓰기를 시작하고 연습하는 용도로 적당합니다. 저학년의 글쓰기는 모두 칸 공책이라고 생각하면 좋습니다. 받아쓰기, 독서록, 일기 등 별도의 공책이 있는 과목들도 칸 공책을 2학년 마칠 때까지 유지한다고 생각하세요. 맞춤법, 띄어쓰기를 집중적으로 연습할 거의 유일한 시기이기 때문이에요.
- 아이가 싫다고 할 때까지는 칸 공책으로 연습한 후 천천히 줄 공책을 시도하면 됩니다.

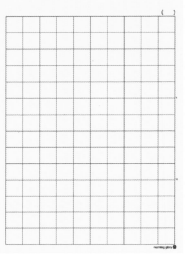

10칸 공책 표지, 본문

(출처: 모닝글로리)

📖 넓은 줄 공책

- 3, 4학년 대상
- 글의 분량을 늘리고 싶거나 칸 공책으로 띄어쓰기 연습을 충분히 했다고 생각되면 줄 공책을 시작해 봐도 좋습니다. 하지만 아직 준비되지 않은 아이에게 3학년이라는 이유로 무조건 줄 공책을 강요한다면 글쓰기에 흥미를 잃거나 띄어쓰기가 다시 엉망이 되는 부작용이 생길 수 있습니다.

- 3, 4학년이면 독서록, 일기장 등은 넓은 줄 공책으로 갈아타
  도 괜찮은 시기입니다.

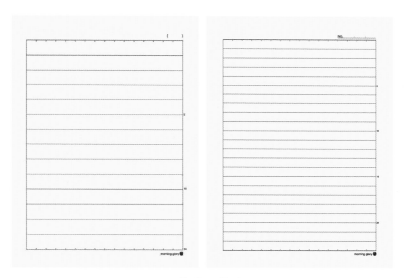

넓은 줄/좁은 줄 본문

(출처: 모닝글로리)

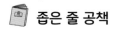 **좁은 줄 공책**

- 5, 6학년 대상
- 중고등의 공책과 줄 간격이 차이가 없는 초등 고학년용 줄 공
  책입니다. 이 공책에 쓰라고 하면 글씨가 작아지고 글의 분량

이 늘어날 거라 기대하지만, 빽빽한 공책을 채우다 보면 글씨
는 찌그러지고 글쓰기가 부담스러워져 그간의 성취감이 헛수
고가 될 수 있습니다. 넓은 줄에서 글씨와 글이 곧잘 성장하
던 아이가 좁은 줄로 넘어가고 나서 한동안 정체되고 후퇴하
는 모습을 보이는 경우도 많은데, 이때는 다시 넓은 줄로 돌
아가는 것도 나쁘지 않습니다.

- 아이가 스스로 원할 때까지는 넓은 줄 공책이 훨씬 이롭습니
  다. 억지로 좁은 줄 공책으로 바꿔서 글 분량을 늘리지 마세요.

연필 선택 기준

연필심의 선택도 글쓰기에 영향을 미칩니다. 연하고 빳빳한 재
질의 H 연필보다는 적당히 부드럽고 진하게 써지는 B, 2B 연필이
초등 글씨에 적당합니다. (초등 선생님들은 보통 2B 연필을 추천합니

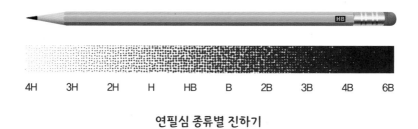

연필심 종류별 진하기

다.) 연필에 그려진 그림이 예쁘거나 캐릭터가 마음에 든다는 이유로 H 연필을 끝내 고집하는 아이들이 있습니다. 뻑뻑하고 흐린 심때문에 글쓰기를 고통스러워하면서도 그 이유가 연필심 때문이라는 걸 모르는 경우가 많아요. (엄마도 모르시고요.)

간혹 미술용인 4B 연필을 평소 공부, 글쓰기용으로 사용하는 아이들도 있어요. 연필심이 무르고 진해서 적당한 정도의 손힘을 기르는 데에 방해가 되고, 얼마 쓰지 않아도 금방 뭉툭해지기 때문에 글씨가 두껍고 글 전체가 지저분해 보입니다. 글을 곧잘 써 오던 아이도 이 연필로 쓰면 훨씬 못해 보입니다. 이렇게 쓴 글은 손가락이 살짝만 스쳐도 공책 전체에 연필심이 번져 애써 쓴 글이 망가지기도 하니 이래저래 피해야 할 목록 1호입니다.

지우개 선택 기준

별것 아닌 것처럼 보이는 지우개도 글쓰기에 영향을 미칩니다. 아무 연필이나 줘도 또박또박 잘 쓰고, 연필 뒤꽁무니에 붙어있는 지우개 가지고도 잘 쓸 아이는 잘 쓰지만, 지우개 때문에 고생하는 아이들도 있어요. 아직 손힘을 조절하기 힘들기 때문에 적당한 무르기로 부드럽게 잘 지워지는 미술용 지우개가 좋습니다.

자동차 모양, 곤충 모양, 초밥 모양 등 재미있는 디자인의 지우개도 많은데, 장난감처럼 예쁘게 생겨서 호기심을 자극하지만 부드럽게 지워지는 기능이 약해 아쉬움이 남습니다. 뻑뻑한 지우개로 힘주어 지우다가 공책이 찢어지는 경우도 종종 있고요.

아래의 예시로 보여드리는 미술용 지우개가 적당합니다.

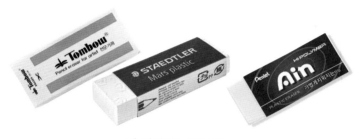

잘 지워지는 지우개

(출처: 스테들러코리아, 아톰상사)

3

바르고 예쁘게,
글씨체 교정법

글씨체. 한숨이 나오는 엄마의 영원한 숙제입니다. 글쓰기에서 가장 중요한 건 태도(즐겁게 썼느냐)와 내용(생각을 잘 표현하고 있느냐)이지만 태도와 내용이 잘 담겼는지를 한눈에 확인하기 위해서는 바른 글씨체가 필요합니다.

우리 아이들이 반듯한 글씨를 가졌으면 합니다. 글을 '글씨'라는 도구에 담아내는 기간인 초등부터 고등까지는 글씨의 모양이 어떠한지가 써낸 글에 관한 평가에 영향을 미치기 때문입니다. 상시 평가 채점을 하다 보면 도저히 알아볼 수 없는 글씨 때문에 정답으로 인정하기 어려운 답안을 만나기도 합니다. 암호문 해독하듯 한참을 들여다보며 글씨를 유추하면서 채점을 하지만 한계가 있습니다.

서술형 평가 등에서 내용이 반듯하게 정리된 답안은 글씨를 잘 쓰는 것 이상의 의미가 담겨 있습니다. 답안을 완성하기 위해 시간에 쫓겨 허둥지둥하지 않고 잘 아는 내용을 여유롭게 정리했다는 인상을 줄 수 있어요. 쉽게 설명하면 '턱걸이하듯' 쥐어짜며 겨우겨우 작성한 게 아니라 '충분히 잘 알고 있기 때문에' 작성하는 시간 동안 여유로웠다는 것입니다. 물론, 내용이 아닌 글씨체에 따라 점수가 달라지지는 않겠지만, 이왕이면 한눈에 알아보기 쉬운 글씨체를 가졌으면 좋겠습니다. 글씨를 알아볼 수 없어서 억울한 점수를 놓치는 일은 없어야겠지요.

아무리 잔소리를 하고 칭찬을 해 봐도 아이의 글쓰기가 달라지지 않는다면, 여전히 글씨 때문에 읽기 싫은 글을 쓰고 있다면 다음의 몇 가지를 점검해 보세요. 초등 교실 속 글씨를 잘 쓰는 아이들의 공통점과 그렇지 않은 아이들의 공통점에서 찾아낸 특징입니다. 아이의 글씨체를 잡아줄 때 점검해 보세요.

글씨 쓰는 속도 점검하기

급하게 쓰면 방법이 없습니다. 원래 글씨 잘 쓰는 사람도 급하게 쓰면 엉망이 되지요. 저는 글씨를 제법 또박또박 쓰는 사람이지만 급할 때 날려 써 놓은 메모를 다시 보면 제 글씨인데도 알아보기 힘들 때가 있어요. 그런 경험, 있으시죠?

아이의 평소 글씨 쓰는 속도를 점검해 보세요. 천천히 쓰면 반듯하게 쓸 줄은 아는데 빨리 써서 엉망인 아이가 많아요. 사실 글씨 쓰는 속도, 책 읽는 속도, 문제집 푸는 속도 등 학습에서 보이는 속도들은 성격이 급한 아이에게서 보이는 특징입니다. 달리 말하면 타고났다는 의미예요. 타고났으니 어쩔 수 없다고 포기할 건 아니지만 급한 성격 때문에 일어난 상황을 일단은 인정해 주세요.

급하게 써서 엉망인 글씨를 보며 화가 나는 포인트는 빨리 쓰라고 재촉한 적이 없다는 겁니다. 천천히 써도 좋으니 또박또박 쓰라고 부탁, 회유, 제안, 협박, 명령을 충분히 한 것 같은데 아이의 목표는 오직 빨리 쓰는 것, 더 정확히는 빨리 써 버리고 끝내는 것뿐이니 결과가 제자리입니다. 너무 속상하시죠, 정말?

사실 아이들은 글쓰기를 시작할 때부터 마음이 급합니다. 글쓰기를 싫어하는 이유와 통하는 면이 있는데, 한 번 쓰기 시작하면 쉽게 끝나지 않아 빨리 끝내고 놀고 싶으니까 그렇습니다. 그래서 마음먹고 쓰면 잘 쓸 수 있는데, 그러려면 시간이 오래 걸리니까 굳이 노력하지 않는 거예요.

교실에서 늘 시도했던 방법을 알려 드릴게요. 엉망인 글씨로 완성해 온 글을 보면서 한 문장만 예쁜 글씨로 아래에 다시 써 보라고 하면 몰라볼 만큼 예쁘게 잘 써 오는 아이들이 많습니다. 잘 쓸 수 있는 아이였던 거예요. 물론, 선생님 말씀이니 말을 잘 듣습니다. 엄마 말도 똑같이 잘 들을 거라 기대하기는 어렵지만 그래도 지레 포기하지 말고 시도해 보세요.

'하루 한 줄 다시 쓰기'를 해 보세요. 아이가 써 온 글 중에서 딱 한 줄을 고르게 하고, 그 한 문장만 글의 맨 아래에 정성 들여 다시 써 보게 하는 거예요. 한 문장을 한 번만 쓰면 되니까 할 만합니다. 금방 끝나요. 서두를 필요가 없고, 이미 글쓰기는 마쳤으니 마음에 여유가 있습니다. 이제 전에 보기 힘들었던 제법 잘 쓴 글씨를 보게 될 거예요.

다시 한 문장을 정성껏 써 온 아이에게 피드백할 때 주의사항을 말씀 드릴게요. '너 이렇게 잘 쓸 수 있으면서 왜 이렇게 대충 썼어, 가서 전부 다 다시 써 와.'라고 하면, 망해요. 글 전체를 바로 이 글씨체로 다시 정성스럽게 쓰면 좋겠지만 그건 아이에게 너무 가혹한 일이에요. 며칠 못 가겠지요. 아이 마음에 짜증과 불만이 끓어오를 거예요. 마음으로 욕을 할 수도 있어요.

다시 써 온 한 문장의 글씨를 칭찬해 주고 나면 아이가 직접 자기가 쓴 두 가지 글씨를 비교해 보게 하세요. 지적이 필요 없는 순간이에요. 아이도 잘 알아요. 처음의 내 글씨가 심했었구나, 다시 천천히 쓰니까 잘 쓰는구나. 그러니 굳이 어떤 지적의 말도 없지 말고 한 줄 다시 쓰기를 꾸준히 진행해 보세요. 무슨 말이라도 하고 싶다면, 다시 쓴 한 문장의 글씨가 얼마나 멋진지에 대해 5분 동안 엄마 혼자 계속 감탄하고 사진 찍고 남편에게 전화해서 아이 듣는 데에서 자랑해 보세요. '엄마 그만 좀 하라.'고 할 때까지 해 보세요. 느리지만 조금씩 달라지는 글씨를 확인하게 될 거예요. 아이는 성취감을 얻을 거고요.

글씨가 흐릿하고 손에 힘이 없다면

손에 힘이 들어가지지 않아 흐릿하게 쓰는 아이도 있습니다. 역시나 보고 있으면 속이 상합니다. 끼니때마다 먹인 고기가 몇 근인데 글씨만 보면 죽만 먹고 큰 아이 같습니다.

저학년이라면 손에 힘이 생길 때까지 기다려 주세요. 저학년은 단순히 기다리는 것만으로 글씨체가 자연 교정되는 아이들이 많습니다. 힘이 센 아이들도 글씨 쓸 때 사용하는 손아귀에는 힘을 줘 본 경험이 없고 어떻게 얼마나 힘을 줘야 할지 정확하게 모르는 상태라 시간이 좀 필요합니다. 그래서 어느 정도 알아볼 정도로 쓰고 있다면 글씨가 흐리고 손에 힘이 없는 증상은 3학년 정도까지는 기다려 주세요. 하지만 고학년이 되어도 여전히 글씨에 힘이 없다면 교정이 필요합니다.

문구점에 파는 '연필교정기'라는 고무처럼 몰랑한 재질의 보조 기구가 있어요. 이것을 사용하면 연필의 딱딱하고 각진 부분이 직접 손가락을 누르는 것을 방지해 주기 때문에 손힘을 조절하고 연필을 바른 방법으로 잡는 데에 도움이 됩니다. 저는 교실에 이것을 여분으로 비치해 두고 글씨 쓰느라 손가락이 빨갛게 되어 아프다는 아이들, 연필 잡는 법의 교정이 필요한 아이들이 사용할 수 있게 했는데, 도움을 받은 아이들이 제법 많습니다.

　　저학년 교실에서는 자주 눈에 띄지만, 학년이 올라갈수록 사용하는 아이가 적어요. 이걸 사용하는 게 아이 같아서 부끄럽다고 느낄 수 있습니다. 고학년의 아이가 거부한다면 집에서만 활용하는 것도 좋은 방법입니다.

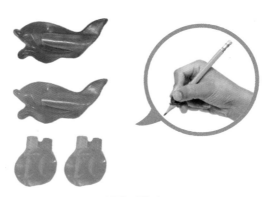

연필교정기
(출처: 모닝글로리)

아빠, 엄마가 악필이라면

제목만 보고도 덜컹, 하신 분 있으시죠?

아빠, 엄마가 평소에 글씨를 빠르고 대충 쓰지 않았나를 점검해 보는 것도 개선의 여지가 있습니다. 아이가 한글을 처음 배우기 시작할 때부터 매일의 글쓰기를 시도하고 있는 지금까지, 가장 오랜 시간 동안 자주 지켜봐 온 건 책에 인쇄된 글씨체와 부모님의 손글씨입니다. 책 속 글씨를 닮아가길 바랐건만, 정말 신기하게도 아이는 부모님의 글씨를 쏙 빼닮는 경우가 많습니다.

2학년 담임을 할 때 저희 반이었던 모범생 하언이는 안타깝게도 글씨가 난감했어요. 일단은 너무 흐릿하여 알아보기 어려웠고 글씨들이 공책 위를 느릿하게 기어 다녔습니다. 쓰는 모습을 보면 대충 쓴 것도 아니고 정성스럽게 노력한 건데도 결과는 좋아지지 않았어요. 당연히 엄마의 걱정도 크셨어요.

그러다 발견한 건 학기 초에 하언이 엄마가 적어내셨던 가정 환경조사서였어요. 100% 이것만이 원인이라고 생각할 수는 없겠지만 엄마의 글씨와 하언이의 글씨가 완전히 똑같았어요. 흐릿하게 누워 있는 하언이 글씨 특유의 문제점이 그대로 발견되었어요. 이런.

혹시나 바쁜 일상 중에 무심코 대충대충 휘갈겨 쓰는 습관이 있었던 부모라면 이 부분도 한번 점검해 보세요. 아이는 부모님의 모든 것이 멋져 보이고, 따라 해 보고 싶은 마음이 들기 때문에 부모로서는 바빠서 어쩔 수 없이 급하게 대충 쓴 글씨도 따라 하고 싶은 마음이 들 수 있어요. 바쁘다는 이유로 습관적으로 글씨를 흘려 쓰면서 아이에게는 또박또박을 강조하고 있었다면 부모님이 먼저 조금 더 천천히, 조금 더 바르게 쓰는 모습을 보여 주는 것만으로도 상당한 효과를 기대할 수 있답니다. 초등 교사들이 칠판 글씨를 연습하고 힘주어 또박또박 쓰는 모습을 보이는 이유는 그 모습을 아이들이 유심히 보고 있기 때문이에요. 정말 신기한 일인데, 학년 말이 되면 아이들 공책에서 그 해 담임 선생님과 비슷한 글씨들이 발견되기도 한답니다. 아이는 가르치는 대로 자라지 않고 본 대로 자란다는 말, 진짜였어요.

잘 쓴 글씨 찾기 놀이

아이의 글을 보고 피드백할 때 오늘의 최고의 문장을 선정해 형광펜으로 표시해 주고 칭찬해 주는 것처럼 글씨도 골라 보세요. 아이 글씨가 전체적으로 마음에 들지 않는 마음은 이해하지만 글 한 쪽을 두고 가만히 들여다 보면 그중 반듯하고 예쁜 글씨가 있어요. 그곳에도 형광펜을 그어 주세요. 딱 한 글자도 괜찮고, 한 단어도 괜찮고, 문장 전체도 괜찮아요. 앞으로도 이렇게 썼으면 좋겠다 싶은 글자에 그어 주세요.

그렇게 선정된 글자를 보면서 '아, 이런 식으로 쓰면 되겠구나.'라고 눈치 채게 되고, 그 글씨를 최대한 재현해 보기 위한 노력을 시작할 거예요. 여타의 잔소리는 굳이 필요하지 않습니다. 자기의 글 중에 이미 최고의 예가 들어 있고 그것처럼, 혹은 그것보다 조금 더 낫게 하기 위한 시도를 하기만 하면 틀림없이 성장할 수밖에 없어요.

아직 '잘' 써 본 경험이 없다면

『영어책 한 권 외워봤니?』라는 책 제목이 있어요. 아이에게 묻고 싶습니다. '글씨 한 번 잘 써 본 적 있니?'라고요. 잘 써 본 적이 있어야 또 그렇게 쓸 수 있는데, 혹시 아이가 이제껏 한번도 잘 써 본 적이 없다면 도대체 어떻게 쓰라는 건지 알 수가 없지요.

어쩌면 아이가 거의 날마다 '글씨 좀 잘 써라.'라는 말을 듣고 있지만 한번도 '잘' 써 본 적이 없었던 건 아닌지 점검해 보세요. 어른인 우리는 이제껏 잘 쓴 손글씨를 볼 기회가 있었고 흉내도 내 봤겠지만, 아이는 아직 아닐 수 있어요. 아빠, 엄마, 언니, 형의 글씨 정도가 실제로 봤던 거의 유일한 손글씨이고, 그 글씨처럼 쓰고 싶긴 한데 어떻게 하면 좋을지도 모를 수 있어요. 방법을 알려주지 않고 '잘' 쓰라고만 하면 자전거를 탈 줄 모르는 아이에게 자전거를 '잘' 타라고 재촉하는 것과 비슷한 상황이지요.

바르고 예쁜 글씨를 따라 써 볼 수 있는 시중의 교재를 활용해 보세요. 본인도 잘 쓰고 싶은데 방법을 모르고, 열심히 노력은 하는데 나아지는 기미가 보이지 않는 경우라면 효과를 기대해 볼 만합니다. 교재의 안내에 따라 정성스럽게 따라 써 본 경험이 있는 아이들은 어떻게 써야 더 잘 쓰는 건지를 알게 되기 때문에 자연스럽게 글씨체를 개선해 가기 시작할 거예요.

바른 글씨 쓰기 교재

4주 만에 완성하는 바른 글씨 (저학년용)

- 공책에 연습하듯 칸 안에 글씨를 채워 쓰며 동시에 어휘 연습도 할 수 있다.
- 일기장, 알림장, 독서록 쓰기 등 실제 학교 글쓰기를 연습할 수 있게 한다.

4주 만에 완성하는 바른 글씨 (고학년용)

- 큰 글씨부터 작은 글씨까지 단계별로 연습하도록 구성되어 있다.
- 과목별 공부 요점 정리를 연습해 볼 수 있도록 하여 공부 습관 만들기에도 활용할 수 있다.

4

맞춤법, 띄어쓰기, 받아쓰기 연습법

글쓰기를 시도하고, 초등학교에 입학해 받아쓰기를 준비시키다 보면 어느 집이나 맞춤법, 띄어쓰기와 관련된 속 터지는 경험이 없을 수가 없습니다. 모든 아이가 서툴기 때문이에요. 봐 주고 고쳐 주고 이야기해 주어도 생각처럼 쉽게 따라오지 않는 맞춤법과 띄어쓰기를 보면서 언제까지 이럴 건가, 애타실 거예요. 하나하나 고쳐 주자니 끝도 없고 시간도 없고, 고치지 않고 그냥 두자니 계속 저 모양일 것 같지요. 지적하면 서로 마음 상하고, 안 하면 찝찝합니다.

보통 1, 2학년 때 맞춤법과 띄어쓰기 교정을 위한 받아쓰기 시험을 봅니다. 헷갈리기 쉬운 맞춤법을 통으로 외우는 과정이지요.

이 시기의 받아쓰기 덕분에 아이들은 어느 정도의 맞춤법을 갖추게 됩니다. 문제는 호되게 이 시기를 겪고도 교정이 되지 않는 경우입니다.

1학년 2학기 받아쓰기 급수표 예시

19회 [10. 인물의 말과 행동을 상상해요]	
1	깊고 깊은 숲속에
2	밤이나 낮이나 쉬지 않고
3	멋진 옷을 부탁했어요.
4	춤출 때 입을 거예요.
5	깊은 물, 얕은 물
6	다리를 뽐낼 거예요.
7	마음먹은 옷을 이야기했어요.
8	바람 불면 털이 눈을 가려서
9	모두 꿈꿔 왔던 옷
10	한바탕 잔치가 벌어졌어요.

한글은 독창적이고 우수한 문자이지만 인간적으로 맞춤법, 띄어쓰기는 너무너무 헷갈립니다. 저도 아직 힘들어요. 기자가 작성한 기사에서도 맞춤법, 띄어쓰기 오류가 발견되고, 맘카페에 써 놓은 엄마들의 글 한 편도 완벽하기 어렵습니다. 완벽함을 목표로 할 필요가 없다는 의미예요. 그러니 최종 목표를 조금 유연하게 조정하되, 초등 6년 동안 서서히 교정하는 것으로 계획하여 진행했으면 합니다.

맞춤법은 자연 교정이 일어나는 고마운 경우와 그렇지 못하고 어느 정도 교정이 필요한 경우가 있습니다. 자연 교정되는 아이가 상당수이지만 그때까지 기다리기 어렵다는 게 문제이지요. 자연 교정은 많이 읽고 쓰는 아이에게 일어나는 경우가 많고, 많이 읽고 쓴다고 하더라도 2, 3년 정도의 시간이 걸릴 수 있어요. 1학년의 받아쓰기 시험에서 완성될 수 없어요. 지금 아이가 많이 읽고 쓰는 편이라면 자연 교정을 기대하며 1, 2년만 더 기다려 주세요. 실제로 맞춤법 때문에 그렇게도 속을 태우던 아이가 5, 6학년이 되자 어느새 교정되어 있더라는 이야기를 듣습니다. 자연 교정에 가능성을 두고 조금만 더 기다려 주시면 좋겠어요.

자연 교정을 기다리기로 했다면 정답은 책입니다. 책은 문법적으로나 맞춤법으로나 완벽에 가까운 문장으로 구성되어 있어요. (책은 언뜻 작가 혼자 쓰는 것처럼 보이지만 책 한 권에 담긴 문장들은 수 명의 전문가의 교정, 교열을 거친 것들이랍니다.) 책을 읽는다는 것은 내용의 흐름에 따라 유추하고 이해하면서 생각하는 힘을 기르는 과정인 동시에, 정확한 문법, 어휘, 맞춤법을 마주하는 일이에요. 정확한 문장을 본 만큼 정확한 문장을 구사할 가능성이 높지요. 그래서 책 많이 읽는 아이 중에 자연 교정되는 아이들이 많아요. 제대로 된 문장을 수없이 보다 보면 애써 노력하지 않아도 책에서 접했던 맞춤법과 띄어쓰기를 흉내 내게 됩니다.

하지만 고학년이 될 때까지 기다려도 번번이 틀리는 맞춤법, 아무리 저학년이지만 너무 심하게 자주 틀리는 맞춤법이 문제가 된다면 과하지 않은 개입이 필요해요. 몇 가지 방법을 소개합니다.

틀린 문장 다시 쓰기

한 바닥을 써 오면 맞춤법 잘못된 문장이 여러 개 눈에 띌 거예요. 빨간펜을 들고 하나씩 교정해 주는 방법이 가장 고전적이지만 효과는 크지 않습니다. 체크 표시로 얼룩진 공책을 들고 '어머, 여기가 틀렸구나, 얼른 다시 고쳐야지.'라고 해맑게 인정하며 다시 쓰는 경우가 거의 없기 때문이에요. 일단 상처 입은 글을 보면 아이는 기분이 많이 상해요. 열심히 썼는데 덕지덕지 상처 입고 돌아온 공책을 보면 얼른 덮어 버리고 싶을 만큼 부끄럽고 보기 싫습니다.

체크 표시가 많으면 그중 하나도 제대로 건지기가 어려워요. 한 문장, 그러니까 하루에 맞춤법 하나만 교정하는 걸 목표로 하세요. 잘못된 것 많고 모두 눈에 띄지만, 그중 가장 쉽고 기본적인 실수가 포함된 문장을 하나만 골라서 오늘은 그 문장을 공부하게 하세요. 다 잡으려다 모두를 놓치는 것보다는 한 가지의 맞춤법이라도 건지는 게 빠른 길입니다. 꼭 교정했으면 하는 단어가 포함된 문장 하나를 골라서 그 문장, 혹은 그 단어만 글의 맨 아래에 딱 한 번 다시 써 보게 하세요. 그 정도는 할 수 있습니다, 웃으면서.

자주 눈에 띄게 하세요

자주 보는 것들은 노력하지 않아도 자연스럽게 뇌에 새겨집니다. 뇌새김 영어와 같은 형식의 학습 프로그램이 가능한 이유가 바로 여기에 있어요. 우리의 뇌는 억지로 암기하는 것만큼이나 자주 보는 과정을 통해 자연스럽게 입력되고 기억되기 때문이에요. 그런 우리 아이들의 뇌를 활용해 보세요. 큰 노력을 들이지 않아도 자연스레 뇌에 새겨질 수 있는 환경을 만들어 주세요.

아이마다 유독 번번이 잘못 쓰고 교정되지 않는 종류의 실수가 있어요. 주로 틀리는 맞춤법도 고정적인 경우가 많아요. 우리 아이에게 해당하는 것을 골라 큼지막하게 써서 잘 보이는 곳에 붙여 주세요. 쓸 때는 틀린 예는 빼고 바른 예만 쓰는 것이 좋아요. 그것만 뇌에 새기면 고민되는 쓰기 상황에서 자주 봤던 그대로 쓰게 돼요.

아이에게만 유용한 것도 아니에요. 부모님도 글 쓰실 때마다 맞춤법, 띄어쓰기가 헷갈릴 때 많습니다. 가족 모두가 잘 볼 수 있는 곳에 붙여 두고 오며 가며 눈에 익히세요.

초등학생이 자주 헷갈리는 맞춤법, 띄어쓰기, 문장 부호에 관한 정보는 책 뒤 부록으로 제공하고 있으며 (349쪽), 인쇄하여 집에 붙여 둘 수 있도록 파일로도 공유해 드립니다. 네이버 카페 "슬기로운초등생활"을 확인하세요.

교재 활용하기

고학년이 되어도 여전히 맞춤법으로 고생하고 있다면, 방학을 활용해 맞춤법에 관한 교재로 정리하고 점검해 보는 것도 방법입니다. 잘 사용하지 않아 모르는 줄도 모르고 있던 맞춤법을 찾아내어 익히고 넘어갈 수 있다는 면에서도 유용합니다.

학년별, 단계별로 시리즈 구성이 되어 있는 편이라서 방학 때마다 한 단계씩 정도로 무리하지 않게 시도해 보세요.

맞춤법, 띄어쓰기 연습용 교재 ✏️

초능력 맞춤법+받아쓰기
- 소리와 다른 말, 틀리기 쉬운 말 등 맞춤법 원리를 자세하게 설명한다.
- 따라 쓰기와 고쳐 쓰기를 반복적으로 훈련한다.
- 받아쓰기 듣기 자료를 제공한다.

읽으면서 바로 써 먹는 어린이 맞춤법
- 헷갈리기 쉬운 표준어를 둘 중 어느 것이 표준어인지 찾아본 후 소리 내어 읽으며 써 보게 한다.
- 웹툰을 활용하여 재미있게 설명하고 있어 공부라기보다 게임, 놀이하는 느낌을 받는다.

기적의 맞춤법 띄어쓰기
- 1권 기초 편은 한글 자모음, 받침의 연음 현상, 헷갈리는 모음을, 2권 실력 편은 문장 부호, 닮은 소리, 겹받침 등 심화한 맞춤법을 다룬다.
- 소리 나는 대로 쓰는 습관을 교정할 때 활용한다.

맞춤법 천재가 되다!
- 문제를 푸는 교재 형식이 아닌 학습 만화 형식으로 부담 없이 읽을 수 있다.
- 만화 속에 자주 헷갈리는 맞춤법 문제들이 숨겨져 있다.

5

최고의 글 연습, 따라 쓰기

아직 초등학교에 입학하지 않았거나 이제 막 글쓰기를 경험하고 있는 저학년이라면, 내 생각을 표현하는 글쓰기에 대한 기대와 욕심은 불필요해요. 기대가 큰 만큼 실망하면서 문제없는 아이에게 상처를 주게 됩니다. 아직 아닌 건데, 왜 못 쓰냐고 구박을 하지요.

글쓰기에도 준비 운동 단계가 필요해요. 교실에서 주제를 정해 주고 글을 써 보자고 하면 '뚝딱' 하고 써 내는 아이도 더러 있지만 대부분 어려워해요. 턱을 괴고 앉아 무언가가 떠오르기를 한참씩 고민하고 기다리고 있습니다. 어렵게 느껴지는 기술을 시작할 때는 준비 운동을 하면서 때를 기다려야 해요. 조급함만 내려놓을 수 있다면 상당히 효과적이고 확실한 방법이랍니다.

『읽기와 쓰기를 다 잘하고 싶은 사람이라면 지금 당장 베껴 쓰기』의 저자 송숙희는 '백 번 읽기보다 한 번 베껴 쓰기가 낫다.'라고 합니다. 맞아요. 최고의 글쓰기 준비 운동은 따라 쓰기(베껴 쓰기)예요.

필사라고도 하는 이 과정은 현직 작가들에게도 활용되는 좋은 글쓰기 훈련법으로 꼽힙니다. 저도 글이 막히는 느낌이 들 때면 좋아하는 글, 잘 썼다고 생각되는 글, 읽고 싶은 글을 꺼내어 책의 문장을 그대로 따라 쓰면서 시간을 보낸답니다. 따라 쓰기는 문법적으로 정확하고 논리적이며 매끄럽게 구성된 좋은 문장을 직접 써 보면서 그 느낌과 감각을 익혀 내 글에 녹여지도록 하는 데에 그 의미가 있기 때문이에요.

초등 아이, 특히 저학년 아이들에게는 더욱 의미가 있습니다.

아직 글쓰기라는 것 자체에 익숙해지지 않은 아이에게는 손힘을 기르고 종이와 연필이 만나 결과물을 만들어 내는 것을 경험하게 하고 잠시라도 차분히 앉아 집중하게 만들 수 있어요. 다시 말해, 내 생각을 쓴 건 아니지만, 내가 쓴 것은 맞는 상황을 만드는 겁니다. 쓰는 것 자체도 힘들고 익숙하지 않은 아이라면 물리적인 행동에 먼저 익숙해지게 하시고, 이후에 내 생각을 하나씩 더해 가는 방식으로 글쓰기라는 기술에 적응하게 도와주세요. 따라 쓰기를 시도하기 위한 몇 가지 방법을 소개해 드릴게요.

좋아하는 책 고르기

아무리 영혼 없이 따라 쓰는 일에도 그 일을 꾸준히 지속하기 위해서는 '재미'가 필요합니다. 무서운 표정으로 혼내면 잘 따라오 긴 할 거예요. 초등 아이들은 혼내면서 공부시키면 엄청나게 말 잘 듣습니다. 그런데 조금 더 쉬운 방법을 알려드릴게요.

아이들은 재미있다고 느끼면 마음을 활짝 열고 흔쾌히 따라옵 니다. 엄마가 직접 재미있는 이야기와 표정으로 애쓰지 말고, 아이 가 재미있어할 만한 책을 고를 수 있게 하면 돼요. 다음 이야기가 궁금해지는 재미있는 책을 따라 쓰면 덜 지루해합니다.

아시겠지만 초등 공부는 지금 얼마나 더 뛰어나고 얼마나 더 빨 리 가느냐의 문제가 아니에요. 얼마나 더 꾸준히 성실하게 해 본 경험이 있느냐가 관건이에요. 그래서 재미있는 책을 고르게 해 주 고 그 책을 매일 따라 쓰는 것이 의미 있어요. 쓰다가 싫증을 낸다 면 가차 없이 더 재미있는 책으로 갈아타도 괜찮아요. 완독은 다양 한 장점을 가진 의미 있는 활동이지만 완독 자체가 목표가 되어서 는 안 돼요. 초등 시기 독서와 글쓰기의 목표는 그 활동을 '좋아하 게 만드는 것'임을 기억해 주세요.

매일 10분, 공책 1쪽

새로운 공부를 시작할 땐 엄마도 아이도 의욕적입니다. 보상 때문이기도 하고, 새로 장만한 공책 덕분이기도 하고, 새로운 것에 대한 호기심과 기대 덕분이기도 해요. 그래서 신이 난 아이가 두 쪽, 세 쪽을 쓰겠다고 하면 말려야 해요. 급하게 먹는 밥은 체하더라고요.

매일 두세 쪽을 따라 쓰는 건 어른에게도 쉬운 일이 아니며 손이 아리게 아프기도 하면서 시간은 엄청나게 오래 걸립니다. 이것 하나만 해도 되는 거면 쓰고 싶은 만큼 쓴 후에 편히 쉬면 되는데, 초등 아이들 하루 일정이 그리 만만치가 않잖아요.

그래서 10분 정도, 공책 1쪽 정도의 분량이면 충분합니다. 이렇게 매일 쓰게 하세요. 더 많이 쓰고 더 오래 쓰려고 애쓰기보다는 매일의 쓰기를 이어가면서 손에도 마음에도 머리에도 '쓰기 근육'을 붙여 가는 일을 지속해 보세요.

언제까지 해야 할까요

저학년에 시작한 따라 쓰기를 지속하면서 3학년부터는 내 생각을 표현하는 글쓰기를 병행해야 합니다. 매일의 글쓰기가 시작되었다면 따라 쓰기의 분량과 시간을 줄이거나 멈춰도 괜찮습니다.

아이가 따라 쓰기 자체를 좋아하고 그걸 통해 성취감을 느끼고 있다면 계속해도 좋아요. 글쓰기의 준비 운동으로서의 수단이었기 때문에 이 자체에 큰 의미를 두거나 하루라도 빠지면 큰일 나는 정도로 심각하게 생각하지 않았으면 좋겠어요. 지속하면 유익한 일은 맞지만 때로, 글쓰기를 위해 시작한 활동 때문에 글쓰기가 힘겹고 지겨운 일이 되면 안 된다는 점을 기억해 주세요.

교재 활용하기

따라 쓰기 습관을 조금 더 지속했으면 좋겠고 아직 글쓰기가 완전히 자리 잡히지 않아 불안한 마음인데 아이가 지겨워한다면, 시중의 교재를 활용해서 호기심을 자극하는 방법도 있습니다. 온라인 서점에 '초등 따라 쓰기'라는 키워드를 넣고 검색해 보면 고사성어, 고전, 속담, 어휘 등 다양한 영역별로 따라 쓰기 연습을 할 수 있는 교재를 찾을 수 있습니다. 그중 아이가 해 보고 싶다고 관심을 보이는 교재를 선택해 하루 한 쪽 분량을 꾸준히 따라 쓰면서 글씨 연습, 글쓰기 근육 만들기를 지속하면 됩니다. 교재는 공책 따라 쓰기와 비교했을 때, 분량은 적으면서 한 권을 마쳤을 때의 성취감을 얻기가 쉬워 초등 학습에서 틈새마다 효율적으로 활용하면 됩니다. 사교육이든 문제집이든 의존하지 말고, 활용하는 것을 원칙으로 삼으세요.

초등 따라 쓰기 연습용 교재

알수록 재미있는 초등 속담 따라 쓰기

- 속담을 통해 바르고 고운 글쓰기를 할 수 있도록 구성되었다.
- 초등학교 교과서에 나오는 속담들을 일상에서 활용할 수 있도록 설명하고 있다.

알수록 재미있는 사자성어 따라 쓰기

- 하루 1개의 사자성어를 바른 글씨로 따라 쓰게 구성된 교재이다.
- 한자도 배우고 사자성어의 유래와 뜻을 이해하면서 국어에 대한 이해도도 높일 수 있다.

김소월을 따라 쓰다

- '쓰기'를 통해 언어능력을 계발하는 교재로 '따라 쓰기(필사)'의 중요성을 강조하고 있다.
- 초등학생의 눈높이에 맞춘 시 해설을 포함하고 있어 한 편씩 이해하며 따라 쓸 수 있다.

글쓰기 기초체력을 위한 일상 속 어휘 공부

태릉 선수촌의 모습을 담은 다큐멘터리를 재미있게 본 적이 있습니다. 여러 종목 선수들이 체력 단련장에 모여 있었지요. 체조 선수는 스쾃을 하고 있었고, 스케이트 선수는 등 근육을 만드는 운동을 하고 있었습니다. 언뜻 관련 없어 보이는 일, 하지만 가장 중요한 일, 정교한 기술을 시도하고 숙달하기 위해 필요한 부위마다 근육을 만들어 두는 일에 열심을 기울이고 있었습니다. 마라톤 대회에 나가려고 해도, 피겨 스케이트를 시작해 보려 해도, 태권도 시합에 출전하려고 할 때도 중요한 건 기초체력입니다.

아이의 글쓰기 습관에도 기초체력이 필요합니다. 쓰기를 싫어하지 않는 마음, 몸에 잘 맞는 책상과 필기구, 쓸 수 있는 시간과 에너지 모두 기초체력에 포함돼요. 어휘력을 확장하는 것 역시 글쓰기를 위한 훌륭하고 의미 있는 기초체력 훈련이랍니다. 아이의 어휘 수준이 또래보다 부족하다고 느껴진다면 지금부터 하나씩 차근차근 시도해 보세요. 아마 이 정도 단어는 알고 있겠다고 생각했던 쉬운 단어의 뜻을 묻는 아이 때문에 당황해 본 적 있을 거예요. 똑똑한 줄 알았던 아이, 책 열심히 읽던 아이가 기초적인 수준의 어휘를 모르는 바람에 실망하기도 하고 말이에요.

전에 하지 않았던 새로운 공부를 시도하고 시작하려고 마음먹는 것은 아무리 바빠도 한 달에 하나가 최대입니다. 그 이상은 얻는 것보다 잃는 것이 더 많습니다. 한 달이면 새롭게 시작했던 공부가 몸과 마음에 익고 처음보다 수월하게 느껴지고 할 만해집니다. 그때를 기다려 새로운 공부를 추가하면 꾸준히할 수 있습니다. 초등 아이, 하루 이틀 공부하고 끝낼 일이 아니잖아요.

멀게 느껴지겠지만 결국 초등 어휘력 공부의 목표 지점은 성인 수준의 어휘입니다. 초등인 지금 그곳에 도달해야 한다는 것이 아니라 언젠가 도달해야 할 목표 지점이라는 의미예요. 도달하는 시기는 아이마다 다르겠지만 더 많이, 더 자주, 더 다양한 어휘에 노출될수록 그 시기가 당겨지는 건 당연하겠지요. 새로운 단어가 나올 때마다 공책에 정리하고 달달 외워서 시험을 보며 암기하는 것도 가능하겠지만 초등의 공부는 그렇지 않았으면 합니다. 부모님과 가정에서 보내는 시간이 그 어느 시기보다 많다는 점을 활용해서 다양한 성인의 어휘에 자연스럽게 노출되도록 해 주세요.

빙고

초등 최고의 교실 놀이, 빙고를 소개합니다. 이미 잘 아는 놀이이고 부모 세대도 어릴 적 즐기던 놀이일텐데, 요즘에도 그 인기는 여전합니다.

빙고는 아이의 어휘 수준을 대략 짐작하게 해 주고 새로운 어휘를 즐겁게 접할 수 있도록 돕는 것은 물론 사회, 과학, 역사, 지리 분야에서의 상식을 넓히고 점검하는 도구로도 활용할 수 있습니다.

저희 가족은 툭하면 빙고를 합니다. 이면지와 연필만 있으면 언제든 할 수 있어요. 자주 하다 보니 한 판에 10분이면 충분합니다. 피곤할 때 영혼 없이 놀아 줘야 할 때도 이만한 게 없습니다. 대단한 걸 해 준 건 아니지만 아이들은 엄마가 재미있게 놀아 줬다고 느끼고 그러면서 이런저런 어휘들을 주워 갔어요. 강력히 추천합니다.

영역	빙고 예시	대상
국어	• '가'로 시작하는 단어 • '학교'와 관련된 단어 • 겹받침이 들어가는 단어	전 학년
수학	• 숫자 이어 세기 • 숫자 건너 세기	저학년
사회	• 대한민국의 도시 이름 • 세계 여러 나라, 도시 이름	고학년
과학	• 동물, 새, 곤충, 식물 이름	전 학년
역사	• 대한민국의 위인 이름 • 세계의 위인 이름	고학년
영어	• 알파벳 대문자, 소문자 • 'B'가 들어가는 단어	전 학년

안내문, 간판 활용

성인을 대상으로 하는 각종 안내문, 간판 등에서 자연스럽게 성인의 어휘에 노출되게 해 주세요. 저는 담임 시절, 교실 아이들과 부모님께 전달하는 가정 통신문을 함께 읽었어요. 보통은 받자마자 가방에 휙 넣어 버리고 마는데, 그러지 말고 종이 한 장에서 매일 어휘 하나만 건져도 보통 수확이 아닙니다.

저는 집에서 저희 아이들이 가정 통신문을 들고 오면 먼저 물어봤어요. '무슨 내용이야?' 간단하게라도 답하기 위해서는 훑어봐야 하고 그러는 사이에 자연스럽게 어른을 위한 어휘에 노출될 수 있답니다. (최근 들어 가정 통신문이 애플리케이션으로 전달되는 추세라 이 점에서는 안타깝습니다.)

공공기관의 전단, 안내문 예시
(출처: 정부24 홈페이지, 우정사업부 홈페이지)

또, 우체국, 병원, 은행, 주민 센터, 시청 등의 공공기관을 방문할 일이 있을 때는 되도록 아이와 동행하세요. 순서를 기다리면서 그곳에 비치된 각종 상품 안내, 약관 안내, 신청서 등의 양식을 꺼내 보며 대출, 해지, 신용, 자금, 혼인, 사망 등의 어휘를 읽어 보고 그 뜻을 추측해 보고 부모가 아이에게, 또는 아이가 부모에게 설명해 줄 자연스러운 기회를 만들어 보세요. 초등 공부는 공부인 줄 모르게 훅 들어갈수록 성공 확률이 높습니다. 지금 하는 이 대화가 실은 공부의 일종임을 눈치채지 못하게 하세요.

뉴스, 신문 활용

매일 10분씩 아이와 함께 저녁 뉴스를 시청하는 습관은 독서, 어휘, 글쓰기, 사회, 일반 상식 등 다양한 분야에서 도움이 됩니다. 겨우 일기 정도 쓰는 아이지만 발전하여 언젠가 시사 논술을 쓰게 될 아이이기 때문입니다. 지금부터 매일 5분이라도 함께 보세요. 운전할 때 라디오 뉴스를 함께 듣는 것도 좋아요. 종이 신문, 인터넷 기사를 함께 보는 것도 좋습니다.

뉴스를 보고, 라디오를 듣고, 신문을 읽고 나서 꼭 그에 관한 진지한 대화를 나누어야 하는 건 아니에요. 거창한 습관은 지속하기 어렵습니다. '그렇구나.' 하고 듣고 마세요. 궁금한 단어가 나왔거나 기사 내용이 이해되지 않으면 질문을 할 텐데 그때 친절하게 설명해 주는 정도의 습관이면 적당합니다. 아직 관심을 보이지 않는 아이를 붙들고 이 사건에 대해 어떻게 생각하느냐, 이 단어의 뜻을 알고 있느냐, 모르면서 왜 질문을 안 하고 넘어가느냐고 닦달하지 마세요. 아이에게 궁금함이 생기고 알고 싶은 마음이 생길 때까지 기다리면 자연스럽게 해결될 문제입니다.

교재 활용

교과서 어휘조차 기억하기 힘든 정도의 낮은 수준이라면 교재를 활용하여 아이가 '어떤 어휘를 알고 어떤 어휘를 모르는지' 확인하는 기회도 필요합니다. 생각지도 못했던 어려운 어휘를 '툭' 뱉기도 하지만 당연히 알 거라 생각했던 어휘의 뜻을 전혀 모르고 있기도 해요.

초등 어휘력 향상용 교재

국단어 완전 정복

- 국어 교과서에 수록된 매 학기 1,250개 어휘, 총 1만 개의 핵심, 필수 어휘를 단원별로 정리했다.
- 초등 3~6학년 국어 교과서의 어휘가 학년별로 정리되어 있다.

세 마리 토끼 잡는 초등 어휘

- 한자어 3백여 개, 고유어 2천 5백여 개, 영단어 4백여 개의 세 가지 어휘를 수록했다.
- 초등 저학년부터 단계별로 진행할 수 있어 초등 어휘 분야의 오랜 베스트셀러 교재이다.

우공비 일일 어휘

- 초등 교육과정의 어휘를 한자어, 고유어, 동형어, 다의어, 헷갈리기 쉬운 낱말의 다섯 가지 유형으로 제시했다.

초등 글쓰기 습관,
이렇게 만드세요

초등 글쓰기의 목표는

잘 쓰는 게 아니라 쓰는 겁니다.

뭐라도 매일 쓰고 있다면

초등 글쓰기는 일단 성공입니다.

초등 글쓰기 습관을 만드는 방법,

지금부터 하나씩 알려 드릴게요.

1

잘 쓰게 돕는 최고의 비법,
매일 쓰는 습관

글쓰기는 어렵지만 단순합니다. 습관이 전부입니다. 습관으로 만들고 나면 다른 어떤 일보다 쉽습니다. 쓰는 게 직업인 사람이라 자신 있게 단언할 수 있습니다. 초등이고 중등이고 어른에게까지도 글쓰기는 만만치가 않습니다. 만만치 않기 때문에 글 잘 쓰면 대접받고 좋은 기회를 더 많이 얻을 확률이 높습니다. 그러나 초등 아이에게는 너무나 어렵습니다. 그래서 학원도 알아보고 그룹수업도 알아보고 일기를 쓰게 하고 독서록을 쓰게 합니다만 노력한 만큼 결과가 보이지 않아 부모도 아이도 쉽게 지치는 일이 글쓰기입니다.

그래서 글쓰기라는 활동을 처음 마주하는 초등 글쓰기는 달라야 합니다. 완전히 달라야 합니다. 첫 단추를 엉뚱하게 잠그면 결국 처음으로 돌아가야 하듯 초등 글쓰기의 시작이 잘못되면 평생 글 때문에 고생하고 글이 싫어 피해다녀야 합니다. 그렇게 피해다니기엔 글쓰기의 중요성이 눈에 띄게 확대되고 있는 4차 산업혁명 시대가 바로 코 앞에 와 버렸습니다. 글쓰기의 기술을 알려 주고, 글 속의 부족함을 지적하여 바로 잡아 주고, 더 많은 양을 더 자주 쓰라고 충고하는 것으로는 부족합니다. 이 시기에 글쓰기의 경험이 어떠했느냐에 따라 평생의 글쓰기가 달라질 수 있기 때문입니다.

초등 시절에 글짓기 상을 받아 본 경험이 있거나 일기를 잘 써서 칭찬받아 본 경험이 있다면 그때의 벅찬 기분을 가만히 되짚어 보세요. 혹은 반대의 경험이 있다면 그것 역시 좋은 사례가 됩니다. 왜 써야 하는지 모르는 채 선생님이나 엄마가 얼른 쓰라고 해서 아는 대로, 생각한 대로 썼을 뿐인데 평가가 쏟아졌을 거예요.

그렇다면 칭찬을 받거나 꾸지람을 듣고 난 후 글을 쓸 때의 솔직한 마음이 어떠했는지 눈을 감고 아주 잠시만 그 시절로 돌아가 보세요. 귀찮아도 꼭 해 주세요. 그래야 아이의 글쓰기를 도울 수 있습니다.

잘 쓰는 아이든 그렇지 못한 아이든 글쓰기에 드는 노력은 크게 다르지 않습니다. 보이는 결과물이 형편없다고 해서 노력하지 않은 게 아니에요. 더 잘 쓴 아이가 마침 바로 그 옆에 있었던 게 화근이지요. 초등 글쓰기가 가져야 할 완전히 다른 포인트를 제시해 볼게요. 글을 잘 쓰는 방법은 아이와 어른이 크게 다르지 않지만, 초등 글쓰기가 가져야 할 특징은 반드시 기억해 주세요.

재미는 필수, 논리는 선택

어른의 글은 재미있으면 좋지만 아니어도 괜찮고, 때로 어떤 글은 재미를 쫓다가 감점을 당하기도 합니다. 재미보다 '논리'라는 요소가 우선이고 필수이기 때문이지요. 어른의 글은 아무리 재미있어도 논리적이지 않다면 잘 썼다고 하지 않아요. 재미를 지나치게 추구했다가는 가벼워 보인다거나 논리가 부족해 보인다는 혹평을 당하기도 하고 글쓴이의 수준을 의심받을 수도 있습니다. 반면에 논리적인 글은 큰 재미 없이도 읽힐 수 있고 칭찬받을 수 있습니다. 논리가 필수, 재미는 선택이지요. 논리가 촘촘하면서 재미도 있는 글은 틀림없이 이곳저곳 바쁘게 공유되기 마련이고, 그런 글로 채워진 책은 여지없이 많은 독자의 선택을 받고야 맙니다.

초등 글쓰기는 이와 반대로 재미가 필수, 논리가 선택입니다.

아이가 쓴 글이 반드시 재미있어야 한다는 것이 아니고, 글을 쓰기 위한 과정이 재미있어야 한다는 의미예요. 그래서 논리적인 글쓰기를 배우는 수업보다 필요한 건 재미있게 쓰는 경험입니다. 아이들은 생각보다 훨씬 단순하고 순수합니다. 재미있으면 쓰고,

재미있어야 쓰고, 재미있기만 하면 쓰지 말래도 씁니다.

별 재미를 못 느끼면서도 꾸준히 쓰는 아이가 있다면 이 아이는 굉장한 모범생이거나, 쓰라고 하신 선생님이나 엄마가 굉장히 무섭기 때문이거나, 5, 6년째 글을 쓰면서 완전히 습관으로 자리 잡은 덕분입니다. 아이가 쓰기를 두려워하고 쓸 때마다 거부하고 몇 년째 결과물이 제자리라면 아이의 글쓰기 과정이 재미있었는가를 점검해 보세요. 생각보다 빨리 답을 만나게 될 거예요.

글쓰기를 밟고 오르는 아이

글쓰기가 초등 아이에게 여러모로 유익한 활동인 이유 중 하나는 열심히 노력한 결과물을 눈으로 확인할 수 있다는 점이에요. 독서와 글쓰기의 가장 큰 차이이기도 해요. 책은 읽기 전과 후의 나의 모습과 책의 모습, 어떤 것도 달라지지 않는데 글쓰기는 글이라는 뿌듯한 것이 남습니다. 초등 교실에서 글쓰기를 시작할 때 '똥 누기'에 빗대기도 해요. 하고 나면 눈에 보이는 명백한 결과물이 남는다는 공통점에서 시작한 멋진 비유이지요.

하기만 하면 뭐가 됐던 결과물이 남는다는 글쓰기의 특별함은 초등 시기의 특징과 연결 지어 생각하면 글을 매일 쓰도록 돕는 일은 생각보다 어렵지 않습니다. 보이지 않는 지루한 성장보다 눈에 보이는 결과물에 열광하고 만족하는 단순하고 순진한 초등 아이의 특징을 그대로 활용하는 거지요.

초등 아이는 내가 열심히 해낸 결과물을 계단 삼아 차곡차곡 성장합니다. 작년에 쓴 (그다지 잘 쓰지도 않은) 일기장을 꺼내 보며 뿌듯해하다 말고 오늘부터는 일기를 두 쪽씩 쓰겠다고 외칩니다. 참말로 징그럽게도 귀엽습니다.

(진심보다는 훨씬 더 애를 써서) 잘 썼다고 칭찬해 주면 세상 다 얻은 표정을 지으며 처박아 두었던 연산 문제집을 풀기 시작합니다. 미뤄 두었던 영어 공부도 하겠다고 부산스레 움직입니다. 저녁 준비하는 데에 와서 숟가락을 놓겠다, 물을 따르겠다며 정신을 빼놓기도 하지요.

글쓰기에서 얻은 성취감이 자연스럽게 다른 과목의 공부, 일상생활로 전이되는 거예요. 시켜서 될 일이 아니에요. 이미 여러 번 시켜 봤을 거예요. 마음처럼 되던가요? 아직 시작도 안 한 아이를 사춘기라고 의심하고 웬만한 어려움과 갈등은 사춘기 탓으로 미뤄 버리지는 않으셨나요. 글쓰기는 인생의 경험을 얻어내는 무기로써 그 본격적인 역할을 시작하기 훨씬 이전부터 성취감을 느끼게 만들어 전 과목과 학교생활에 강한 자신감을 느끼게 해 주는 수단이 됩니다. 글쓰기를 밟고 오를 아이의 모습을 기대하세요.

평가는 참으세요

우리는 본능처럼 아이가 해 온 결과물을 두고 잘했는지, 못했는지를 평가합니다. 아이는 내 글이 어떤지 평가해 달라고 한 적이 없습니다. 힘들게 써 왔으니 수고했다고 칭찬해 달라고 기다리고 있을 뿐인데 부모는 시험관처럼 평가를 시작합니다. 참아야 합니다.

평가의 관점에서 보면 쓰기보다는 읽기가 수월합니다. 책은 뭐가 됐든 붙들고 읽기만 하면 일단 평가에서 자유로운 편입니다. 정해진 시간, 약속한 분량을 채우고 나면 하긴 했으니까요. 그런데 유독 글쓰기에서만큼은 늘 엄격한 '평가'가 동반됩니다. 독서를 두고 잘했다, 못했다 평가하지 않지만, 글을 두고서는 잘 썼다, 못 썼다 평가하는 것이 일반적입니다. 분명히 잘 쓴 글이 있고, 못 쓴 글도 있습니다.

어른의 글에는 그런 것이 존재합니다. 그래야 맞습니다. 글은 기술이기 때문에 그렇습니다. 기술은 프로와 아마추어, 괜찮은 실력과 어설픈 실력으로 구분할 수 있습니다. 맛집에 관한 게시물을 올린 블로거, 보고서를 제출한 대학원생, 성적표에 학기말 종합의견을 작성한 담임 교사, 매대 위의 책을 집필한 저자까지 글이라는 눈에 보이는 결과물에 관한 독자의 평가를 면하기 어렵습니다. 글을 어설프게 쓰면 안 되는 직업과 상황은 반드시 있습니다. 그래서 어른이라면 누구나 자신의 글에 대한 독자의 평가를 받게 되고 그 평가를 겸허히 받아들여야 합니다.

아이의 글은 그렇지 않아요. 그래서도 안 됩니다. 글을 써 본 세월이 이제 겨우 1년, 많아 봐야 6년밖에 되지 않는 아이가 공들여 쓴 글이 잘 썼네, 못 썼네 등으로 평가받는 일은 없어야 합니다. 초등학교에서 각종 글짓기 대회가 없어지는 추세인 것에 격렬한 환영을 표합니다. 잘 된 글을 칭찬하기 위한 선한 의도로 시작되었겠지만 기대했다가 실망하는 일을 반복하며 '나는 글을 못 쓰는가 보다, 내가 그렇지 뭐.'라고 위축되게 만들던 소모적이고 경쟁적인 대회들로부터 아이가 자유로워졌으면 좋겠습니다.

매일 쓰는 아이로 성장하기 위해, 의미 없는 평가는 참아야 합니다. 지금 필요한 건 평가가 아니에요.

2

일상이 글이 되게
만드는 법

    책상에 앉아 10분도 채 앉아 있기 힘들어하는 아이라면 글을 쓰기 전에 앉아서 무언가에 집중하는 시간부터 늘려야 합니다. 일어나 돌아다니고 싶은 마음과 글쓰기 싫은 마음이 합쳐져 최악의 경험을 만들 수 있습니다. 색종이를 접고, 색칠하고, 레고를 만들면서 한자리에 앉아 집중하는 시간이 길어지고 엉덩이에 힘이 생기고 나면, 글쓰기 싫은 마음만 추스르면 되니 훨씬 낫습니다.

    책상에 앉아 집중력을 키우고 엉덩이 힘을 기르면서도 본격적인 글쓰기 이전의 준비 운동이 되어 줄 즐거운 놀이를 소개합니다. 미취학, 저학년 아이들이라면 누구나 유익하고 재미있는 경험이 될 것이며 아직 본격적인 매일 글쓰기의 시작을 미루고 있던 고학년 아이들에게도 의미 있는 과정이 될 것입니다.

어항 속 물고기 채우기

글쓰기를 시작하려면 누구나 처음 드는 감정은 '막막함'일 겁니다. 이유는 무엇을 써야 할지 모르겠다는 것, 즉 소재 찾기의 어려움 때문입니다. 아이들도 그렇습니다. 일기 쓰라고 하면 대뜸 돌아오는 질문, '오늘 일기 뭐 써?' 잘 아시죠? 쓰면 안 되는 소재가 딱히 있는 것도 아닌데 무엇을 써야 할지 몰라 일기장을 펼칠 때마다 묻습니다. 1, 2학년 때는 도움을 주고 싶은 마음에 '수영장 다녀온 거 쓰면 되겠다.', '저녁에 오징어덮밥 먹은 거 쓰면 어때?' 힌트를 건네지만, 이것도 하루 이틀이지요. 아이의 글쓰기 소재를 대신 고민하다 보면 어느 날 저녁엔 갑작스럽게 '욱' 하고 올라와 '언제까지 내가 일기 제목 대신 생각해 줘야 하는 건데!'라고 소리를 지르고 맙니다. 우리 원래 이런 사람들 아니었는데 말입니다.

소재를 찾는 일이 원래 어렵습니다. 유명한 소설가, 수필가들도 소재 찾기가 늘 숙제라고 해요. 쉼 없이 메모를 하는 이유도 무언가 소재가 될 만한 것을 발견하면 놓치지 않기 위해서예요. 그만큼 쓸거리는 귀합니다. 아이가 일기장을 펼치자마자 성큼 소재를 찾아와 거침없이 공책을 메우기까지는 적어도 1년의 꾸준한 글쓰기 습관이 필요합니다. 그때가 되면 조심스레 아이의 '글쓰기 독립'을 예측해 보아도 좋습니다.

소재 찾기 힘들어하는 아이를 위한 방법을 소개합니다. 초등 교실의 아이들과 함께했던 방법인데, 싫어하는 아이, 못하겠다는 아이를 본 적이 없습니다. 한 번만 해 두면 엄마는 한동안 편하고 아이는 글쓰기가 어렵지 않습니다.

먼저, 글쓰기용 공책 한 쪽을 꽉 채울 정도의 어항을 그리게 하세요. 어항 모양은 자유롭게, 크기는 최대한 크게 해 주세요. 물도 채워 주세요. 수심이 깊을수록 좋습니다. 그 안에 물고기를 넣어 주세요. 아이의 글씨 크기와 물고기 크기가 비례하도록 예시로 한 마리 그려 넣어 주세요. 물고기 배 안에 아이가 좋아하는 것을 하나씩 적게 하세요. 처음에 머뭇거릴지 몰라도 몇 개 하다 보면 어항이 터질 듯 채우려고 하거나 어항을 하나 더 만들어야겠다며 의욕을 보입니다. 생각해 보니 좋아하는 게 점점 더 많이 떠오르기 때문이지요. 생각은 원래 할수록 더 활발하게 떠오릅니다. 하지 않고 있었을 뿐이지요.

이 과정을 성실히 밟았다면 아이 공책 한 면에는 예시로 든 제 어항과 비슷한 어항이 그려져 있을 거예요. 설명만으로 아이에게 어항 그리기에 관한 전달이 어렵다면 이 그림을 예시로 활용하세요. 아이들은 훨씬 더 예쁘게, 창의적으로 만들 겁니다.

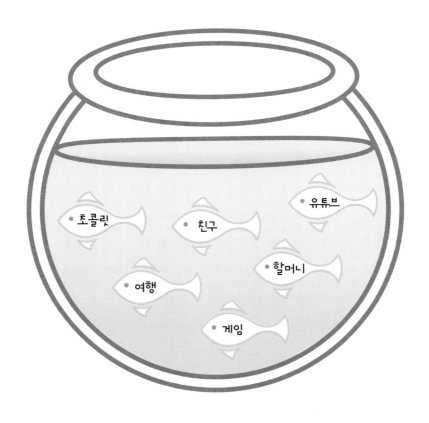

어항 속 물고기에 소재 적어 넣기

아이 어항 속 물고기의 배를 채울 때까지 돕고 나면 이제 당분간 엄마의 일은 끝입니다. '뭐 써?'라고 묻는 아이에게 방긋 웃어 보이며 '물고기 중에 한 마리 골라 봐.'라고 대답하면 되니까요. 얼마 안 되어 알아서 어항을 펼쳐 소재 하나를 골라 쓰기를 시작하는 아이를 발견하게 됩니다. 어항 속 모든 물고기에 관한 글을 썼다면 새로운 어항을 그리고 물고기를 채우는 과정을 스스로 하기도 합니다. 처음이 어렵지 곧 방법을 익혀 알아서 한답니다. 아이를 믿어 보세요.

어차피 줄일 수 없는 스크린 타임이라면

코로나로 기나긴 집콕 생활이 이어지면서 전 국민의 스크린 타임(유튜브 시청, 스마트폰 게임, 인터넷 검색 등의 전자 기기를 사용하여 여가를 보내는 시간)이 눈에 띄게 늘어났습니다. 아이들도 마찬가지고요. 저희 아이들도 그랬어요. 슬금슬금 늘어났어요.

늘어나는 건 쉬운데 줄이기는 참 어렵습니다. 아이와 마주 앉아 스크린 타임에 관한 계획을 세운 후에는 되도록 지키기를 노력하되, 이왕 늘어난 상태라면 이 시간을 글과 연결 지어 보세요.

예정에 없었던 영화를 보여 달라고 조르거나, 게임 시간을 추가해 달라고 하거나, 유튜브를 약속한 것보다 한 편 더 보고 싶다고 할 때가 있을 거예요. 시간의 여유가 있어 더 보여 줘도 무리가 없는 상황이라면 조건을 제시하세요. '좋다. 허용해 주겠다. 하지만 이것에 관한 글을 한 편 써 보자.'인 거죠. 선택권은 아이에게 있어요. 조금 더 보고 글을 쓰는 것과 안 보고 안 쓰는 것 중 선택하게 될 거예요. 더 보면 글을 쓰니 좋고, 안 보면 안 봐서 좋은 거니 부모인 우리로서는 손해 볼 것 없는 협상 조건 아닌가요?

이 방법은 실은 초등 담임 시절, 저희 반 아이들과 했던 협상 조건이었어요. 학기말, 교과서 진도가 끝나고 여유로운 시간이면 저는 독서를 하자고 했고, 아이들은 만화 영화를 보여 달라고 했죠. 감상문을 쓰는 조건으로 영화를 본 날도 있었고, 안 보고 안 쓰겠다는 아이들이 많을 땐 다시 책을 잡았습니다.

그런 조건 없이 그냥 보여 달라고 조르던 아이들도 막상 재미있게 집중해서 영화 한 편을 보고 나면 시키지도 않았는데 공책을 꺼내 술술 글을 써냅니다. 그게 교실이라는 공간이 주는 마법이기도 합니다만 집에서도 충분히 구현해 낼 수 있습니다. 꼭 한 번 시도해 보세요.

또, 가족이 함께 시청한 영화, 함께 즐긴 게임이라면 가족이 함께 글을 써 보는 것도 좋아요. 한 사람이 공책에 한 줄을 쓰고 옆 사람에게 주면 윗줄을 보고 이어서 써서 공책이 돌아갈 때마다 글 한편이 완성되는 거예요. 교실에서 반 아이들과 분단별, 모둠별로 글 한 편 완성하기 놀이를 할 때 썼던 방법인데, 우리 가족이 한 모둠이라는 마음으로 한 편의 글을 완성해 보세요. 다른 가족이 내 글에 이어 뭐라고 썼을지 궁금해 못 견디는 표정으로 즐거워할 거예요.

특별한 날의 가족 교환 편지

글쓰기 연습의 핵심은 '자주 쓰고', '뭐라도 쓰고'입니다.

논리적인 글을 쓰기 위함이 초등 글쓰기의 최종 목표가 맞다면, 논리가 하나도 없는 글부터 시작해야 합니다. 논리는커녕 재미도 감동도 줄거리도 느낌도 없더라도 나쁘지 않습니다. '뭐라도' 썼기 때문입니다.

일상에서 '쓰는 경험'을 다양하게 자주 갖기 위해 가족끼리의 글쓰기를 추천합니다. 재미있는 텔레비전 예능 프로가 나오는 시간, 혼자 방에 들어가 꾸역꾸역 일기를 써야 한다면 기분 좋게 마칠 수 있는 아이는 드물 거예요. 일기는 외로운 것, 억울한 것, 귀찮은 것, 세상에서 가장 싫은 것이 됩니다. 그래서 매일은 아니더라도 특별한 날의 가족 교환 편지를 시도해 보세요.

가족 교환 편지는 그런 면에서 글쓰기의 특별하고 재미있는 경험이 될 거예요. 하지만 매일 하는 건 무리가 있고, 크게 설레기도 어려워요. 아빠의 성향에 맞지 않는다면 더욱 그렇고요. 크리스마스,

한 해의 마지막 날, 새해 첫날, 어린이날, 생일처럼 가족 모두에게 조금은 특별하게 느껴지는 날이라면 어차피 맛있는 음식을 먹으며 기분 좋게 모여 앉은 김에 슬그머니 시도해 볼 수 있답니다.

긴 글은 부담스럽고, 아무 종이에 쓰는 건 기분이 나지 않아요. 문구사에 파는 작은 감사 카드를 가족 숫자대로 준비해서 몇 자 적어 보는 거예요. 한 사람이 다른 모두에게 적으려면 또 길어지고, 지겨워지고, 힘들어집니다. 제비 뽑기나 사다리 타기 등의 게임을 활용해서 내가 누구에게 쓸지 상대를 정하고, 그 사람에게 써서 건네면 됩니다. 물론 가족 누군가는 나에게 써서 주겠지요.

미리 써 오라고 하면 썼느냐, 안 썼느냐를 확인하며 즐거운 날이 잔소리 잔치가 됩니다. 케이크 앞에 놓고 앉아 떠먹어 가며 내가 뽑은 그 사람에게 그 자리에서 바로 편지를 써서 건네면 끝이에요. 쓸 때 행복하고 받으면 설렙니다. 거창한 선물 없이도 새삼스럽게 주고받은 짧은 편지 한 통이 마음을 따뜻하게 만들어 줄 거예요. 뭐 이런 걸 하냐고 쑥스러워 하던 아빠와 선물이나 달라고 조르던 막내도 서로 편지를 주고받고 읽는 시간의 소중함과 매력을 느끼게 된답니다.

주제와 형식에 맞춰 공책 위에 딱딱 써 내려가는 연습이 글쓰기 실력을 키우는 유일한 방법이라 생각했다면 오해예요. 어쩌다 하루, 작은 카드에 쓰는 편지가 아이의 글쓰기 실력에 무슨 도움이 되겠냐는 생각이 들 수도 있어요. 하지만 인생을 조금 먼저 살아본 우리는 알고 있습니다. 인생을 통틀어 글쓰기 실력이 발휘되는 순간은 틀이 주어져 있는 글뿐만이 아닌 메신저, 전달용 메모, 발표용 기획안, 홍보용 문자 메시지, 제안을 위한 이메일 등 다양하고 섬세하다는 사실을 말이지요.

우리 아이가 언제, 어떤 글을, 무엇을 위해 쓰게 될지 지금은 알 수 없어요. 그렇다면 한창 글쓰기를 경험하고 배워 나갈 지금이야 말로 되도록 다양한 모습의 글쓰기를 경험해 봐야 하는 가장 적당한 시기가 아닐까요?

뉴스, 신문 보고 글감 찾아내기

초등 저학년에게는 어려운 방법이지만, 언젠가 꼭 시도해 보겠다는 마음으로 미리 준비해 보세요. 찬찬히 대화로 시작하면 저학년에서도 충분히 시도해 볼 만합니다.

날마다 새로운 소식이 보도되는 저녁 뉴스는 잘만 활용하면 신선한 글감을 찾아 헤매던 아이와 부모에게 산타 같은 존재가 될 수 있어요. 뉴스를 보면 세상이 어떻게 돌아가는지 대략 알 수 있고 우리네 살아가는 다양한 소식도 들을 수 있어요. 특히 우리 아이에게는 매일 똑같은 주제의 일기를 되풀이하지 않을 수 있는 재료가 될 수 있습니다.

뉴스에서 건져 올린 글감으로 일기를 써 본 아이라면 고학년에서 도전할 '시사 논술'도 너무 낯설거나 버거운 일이 아니라고 느끼게 된답니다. 본격적인 시사 논술의 이전 단계라고 생각하면 되지요.

우선 함께 뉴스를 보는 시간이 필요해요. 10분 정도면 충분합니다. 요즘 뉴스는 저녁 8시에 많이 해요. 시사에 관심이 많은 편이고 내용을 일정 부분 이해할 정도라면 8시 시작부터 10분 정도가 적당합니다. 스포츠 뉴스에 관심이 많은 아이라면 그 시간을 기억했다가 함께 보면 좋지요. 핵심은 쓸 거리를 쉽게 찾아내기 위함이지, 뭐라도 하나 더 알게 되어 똑똑해지기 위함이 아닙니다.

뉴스는 아이 입장에서 딱딱하고 심각하고 무거운 기사부터 앞쪽에 배치되는 경향이 있기 때문에 이 점을 고려하여 아이의 관심사 수준에 맞추어 선택하는 것이 중요합니다.

신문을 활용하는 것도 좋은 방법이에요. 매일 새로운 읽을거리를 가져다 주는 신문을 꾸준히 보는 습관을 들여 보세요. 신문 기사 중 흥미로운 부분을 오려 내어 공책에 붙여 놓고 기사에 관한 생각, 의견, 경험 등을 나누는 글로 확장해 보는 것도 좋아요. 이렇게 지속하다 보면, 중고등학생이 되었을 때 늘 불안한 국어 '비문학 영역'에 관한 아쉬움도 채울 수 있게 된답니다.

중학년이라면 어린이 신문이 적당하고, 고학년이라면 어렵기는 해도 일반 신문을 시도해 보는 것도 가능해요. 또, 매일 신문이 집에 쌓이는 게 부담스럽다면 어린이용 경제 신문(주 1회 발간), 어린이용 독서, 과학 잡지(월 1회 발간) 등도 대안이 될 수 있어요. 가능하다면 이참에 부모님도 종이 신문 읽기를 함께 해 보기를 권하고 싶습니다.

스마트폰만 열면 각종 기사가 쏟아져 나와 온갖 소식을 접하는 일이 매우 간단해진 세상이지만, 그럼에도 종이 신문만의 장점이 있습니다. 종이 신문은 주요 기사를 1면에 큰 글씨 제목으로 배치하고 있고, 각 신문사가 판단한 기사의 중요도에 따라 기사의 배치, 크기가 달라집니다. 모든 기사가 같은 색, 같은 크기로 배치된 스마트폰 신문 기사로는 알기 어려운 점이지요.

어린이 신문을 읽으면서 글감을 찾아내고 새로운 기사에 흥미를 보이던 아이가 고학년이 되면서는 부모님이 보는 신문에 호기심을 갖고 함께 보기 시작하도록 자연스러운 분위기를 만들어 주세요. 다양하고 딱딱한 문체의 신문 기사를 매일 읽어서 그것이 편안해지고, 그것에 관해 글을 써 본 경험이 있는 아이가 수능 언어 영역과 대입 논술에 상대적으로 유리한 지점에 설 수밖에 없다는 건 굳이 강조하지 않아도 알고 계시리라 생각합니다.

언젠가, 야심 차게, 제대로, 비싼 돈 들여 대단한 성과를 내야겠다고 미뤄 두고는 조급해하지 마세요. 낙숫물이 댓돌을 뚫습니다.

결정적인 시기의 족집게 과외가 힘을 쓰는 것도 기본기가 있을 때 가능한 이야기입니다. 초등인 지금은 최소한의 비용으로 최대의 효과를 볼 방법을 찾아야 할 때입니다. 돈이 없어서가 아니고, 정말 필요할 때 제대로 쓰기 위해서요.

3

글쓰기에 날개를 달아 주는
국어사전 활용법

초등은 국어사전을 처음 접하고 배우는 시기이자 종이 국어사전을 사용하는 거의 유일한 시기입니다. 중학교 혹은 초등 고학년만 되어도 꾀가 난 아이들이 스마트폰 애플리케이션이나 전자사전으로 한글, 영어 단어의 뜻을 찾아보려고 하기 때문이에요.

국어사전은 새로운 단어의 의미를 알기 위해 찾아보는 게 보통이지만 가정에서 엄마표로 똑똑하게 활용한다면 어휘를 확장하여 글쓰기까지 연결하는 교재가 될 수 있으니 적극적으로 활용해 보세요.

먼저 초등 국어교육 과정에서 국어사전 관련 단원을 찾아 보겠습니다. 몇 학년 때 무엇을 배우는지 알고 있으면 그 시기에 맞추어 가정에서 자연스럽게 연계하도록 도울 수 있기 때문입니다.

학기	단원명	학습 내용
3-1	7. 반갑다, 국어사전	국어사전에서 낱말을 찾는 방법 알기
4-1	7. 사전은 내 친구	낱말의 뜻을 사전에서 찾으며 글 읽기
5-1	8. 아는 것과 새롭게 안 것	다의어
6-1	7. 우리 말을 가꾸어요	고유어, 외래어, 한자어 분류하기

오랜만에 아이와 국어사전을 잡으면 엄마도 아빠도 헷갈립니다. (교사도 헷갈릴 때가 종종 있습니다.) 자주 사용하지 않기 때문에 당연한 일이며, 아이가 때마다 헷갈리는 것도 당연한 일입니다. 자음과 모음의 배열 순서표를 자주 볼 수 있는 곳에 붙여두는 것도 큰 수고 없이 효과를 기대해 볼 만한 방법입니다. (아이가 물어볼 때 슬쩍 확인하고 알려 주는 용도로도 괜찮고요.) 오른쪽의 배열표 파일은 네이버 카페 "슬기로운초등생활"에 공유해 두겠습니다.

국어사전 자음 배열 순서 ✏️

ㄱ	ㄲ	ㄴ	ㄷ	ㄸ	ㄹ	ㅁ	ㅂ	ㅃ	ㅅ	ㅆ
ㅇ	ㅈ	ㅉ	ㅊ	ㅋ	ㅌ	ㅍ	ㅎ			

국어사전 모음 배열 순서 ✏️

ㅏ	ㅐ	ㅑ	ㅒ	ㅓ	ㅔ	ㅕ	ㅖ	ㅗ	ㅘ	ㅙ
ㅚ	ㅛ	ㅜ	ㅝ	ㅞ	ㅟ	ㅠ	ㅡ	ㅢ	ㅣ	

시중에 나와 있는 초등을 위한 국어사전 중 추천하고 싶은 세 권을 소개합니다. 안타깝게도 초등 교과서에 나오는 일부 단어는 초등용 국어사전에 나오지 않기도 하여 일부러 성인용 표준 국어 사전을 사용하는 학교도 있기는 합니다. 하지만 사전을 처음 접하는 상황이라면 초등용을 준비해 주세요. 몇 년 쓰고 전자사전이나 성인용으로 넘어갈 예정이기 때문에 중고 서점에서 구해도 무방합니다.

초등용 국어사전의 특징

보리 국어사전

- 개정 교육과정에 따른 초등학교 모든 학년의 교과서 단어 중 4만 개를 수록하였다. 초등 국어사전 중 단어 수가 가장 많다.
- 세밀화 3천 5백 점과 도형, 별자리, 국기, 사진 자료 등 전체 4천 점에 이르는 시각 자료를 담고 있다.

동아 연세 초등 국어사전

- 초등 개정 교육과정을 반영한 4만여 개의 어휘를 수록하고 있다.
- 비슷한 말, 어원, 학습 정보와 상식 등을 별도로 표기하여 자연스러운 어휘 확장을 유도한다.

속뜻풀이 초등 국어사전

- 초등학교 학습용 어휘 2만 8천 개를 수록하고 있다.
- 한영 사전, 한한 사전, 한자 사전, 속담 사전, 고사성어 사전의 기능도 겸하고 있으며 단어마다 영어, 한자, 예문을 제공하고 있다.

(출처: 『초등 자기주도 공부법』, 이성종, 이은경)

국어사전 찾는 원리를 알고 있는 아이라면 사전과 더 친해질 수 있도록 몇 가지의 놀이를 소개합니다. 주말을 이용해 아이와 함께 해 보세요. 방법을 알려 주면 아이들끼리도 곧잘 합니다.

누가 누가 빨리 찾나(국어사전으로 낱말 뜻 찾기)

교실에서 국어사전 활용법을 배우고 나면 자주 하는 놀이입니다. 한 명씩 번갈아가며 단어 하나를 외치면 사전에서 그 단어를 빨리 찾는 사람이 이기는 방식이에요.

수업 시간에 교사가 주도하여 함께 하고 나면 쉬는 시간에 아이들끼리 모여 이 놀이를 하기도 하더라고요. 집에서 가족과도 충분히 할 수 있는 놀이예요. 집에는 보통 사전이 한 권밖에 없기 때문에 동시에 찾기보다 교대로 한 사람씩 찾되, 찾는 데 걸린 시간을 측정하는 방식으로 변형할 수 있습니다.

국어사전 만들기

잘 모르는 단어를 만나면 국어사전을 찾아보게 되는데, 사전을 찾아서 알게 된 단어를 모아 나만의 국어사전을 만들 수 있어요. 쓰고, 그리고, 접고, 오리는 활동이기 때문에 남자아이들보다는 여자아이들에게 인기 있는 편이에요. 하지만 조건 없이 마음껏 만들어 볼 수 있는 분위기가 조성된다면 남자아이도 어렵지 않게 해 볼 수 있어요.

국어사전의 이름을 내 마음대로 정할 수 있고 내가 좋아하는 단어만으로 채울 수 있어 오랫동안 간직할 만한 자랑거리가 되어 줄 거예요.

속뜻 듣고 맞추기

문제를 내는 사람이 사전을 들고 단어 하나를 골라 뜻을 읽어 주면 그 뜻을 가진 단어가 무엇인지를 맞추는 놀이로, 수수께끼와 비슷합니다. 비슷한 의미를 가진 여러 가지 단어를 떠올리면서 가장 정확한 의미의 단어로 좁혀 가는 과정이 어휘 공부에 의미 있는 부분입니다.

사전을 들고 있는 사람이 '이 단어는 무엇일까요?' 하면서 단어의 속뜻 부분만 읽어 주고 나머지 가족이 정답을 맞히면 됩니다. 초등 아이들이 좋아하는 수수께끼, 퀴즈와 비슷한 느낌이 들어 언뜻 딱딱해 보이는 국어사전을 친근하게 느낄 수 있답니다. 한 번에 맞추지 못할 때는 힌트를 주고받으며 스무고개 놀이 형식으로 진행해도 재미있습니다.

이때 한 번도 들어본 적 없는 어려운 단어는 문제로 내지 않기, 한 사람씩 번갈아 문제 내고 맞추기 등의 기본적인 규칙을 정하고 시작해야 놀이 중에 울고불고 마음 상하는 일을 줄일 수 있습니다. 도움이 좀 될까 싶어서 큰맘 먹고 모여 앉아 시작한 놀이에서 마음 상해 고성이 오가는 일, 경험해 보셨죠? 다들 비슷하게 살고 있으니 너무 속상해 마세요. 다음에 더 잘하면 됩니다.

아는 단어 표시하기

초등용 국어사전을 한 권 구비했다면 너무 고이 아껴 쓰지 마세요. 딱딱한 케이스는 늘 벗겨 두고, 아는 단어를 찾아서 형광펜으로 표시하는 것도 재미있고 의미 있습니다. 또, 어떤 단어를 알고 있는지 자랑하고 싶은 마음에 자주 국어사전을 펼쳐 보면 아는 단어 위, 아래, 옆의 생소하고 어려운 단어에도 자연스럽게 노출이 되어 좋습니다. 이때 너무 진한 색의 형광펜은 얇은 사전 종이를 망가뜨릴 수 있으니 연한 색의 색연필 정도면 좋겠네요.

이렇게 표시해 둔 아는 단어 중에서 퀴즈를 주고받으면 범위도 한정할 수 있고, 정답률이 올라가며, 아이가 아직 모르는 어휘를 파악할 수도 있어 여러모로 유용할 거예요.

4

글쓰기를 너무나 싫어하는 아이, 어떻게 하죠?

대부분의 초등 아이가 글쓰기를 싫어하지만 유독 거부 반응이 심한 아이도 있습니다. 글쓰기를 즐거워하는 아이가 아주 가끔 있는 것과 비슷해요. 그럭저럭 군소리 없이 쓰는 아이들도 있던데, 우리 집에 있는 아이는 왜 글 좀 쓰자고 하면 이렇게 펄쩍 뛰는 걸까요?

글쓰기를 유독 싫어하는 아이라면 그 성향은 타고난 것일 가능성이 높아요. 갑자기 슬퍼지나요? 그렇다면 더 노력하지 말고 여기서 포기해야 할까요? 그럴 거면 시작도 안 했습니다. 포기하지 않을 거예요.

저는 요리를 정말 싫어하는 사람으로 타고났습니다.

참고로 저희 친정엄마는 학교 급식실 영양사 선생님으로 수십

년간 재직하셨고, 실제로 저희 집 음식은 다 맛있었습니다. 이런 엄마를 쏙 빼닮은 친정 언니는 뚝딱거리며 요리를 즐겁고 빠르게 잘 합니다. 제가 요리를 싫어하는 건 부모님 탓이 아니며 제 탓도 아닐 거예요. 그냥 태어나 보니 어쩌다 이런 종류의 사람인 겁니다.

그런 제가 두 아이의 엄마, 한 가정의 주부가 되어 삼시세끼를 차려 온 세월이 올해로 꼬박 13년이 되었습니다. 요즘 저의 요리는 어떨까요? 잘하지 못해서 그렇지, 하긴 합니다. 매일 하고, 점점 더 잘하게 되고, 그럭저럭 먹고 살 정도는 합니다.

비결은요? 매일 했습니다. 대단히 이 악물고 한 건 아니고, 굶어 죽지 않을 정도만 했습니다. 지금의 저는 처음 요리를 하던 신혼 시절과 비교할 수 없을 만큼 잘합니다. 예전과 지금을 비교하면 저는 분명히 발전했습니다. 하지만 어쩌다 친정이나 언니네 놀러가 집밥을 얻어먹으면 기가 팍 죽어 돌아옵니다. 저랑 다른 사람을 비교하면 스스로 한없이 초라해집니다.

하지만 그것도 그때뿐입니다. 이틀 지나면 어느새 다시 기고만장하여 세상없는 주부 9단 행세를 합니다. 비결은 제가 한 음식을 매일 먹는 가족 덕분입니다. 남편이고 아들들이고, 미각을 타고나지 못한 건지 어떤 건지 해 주기만 하면 맛있다고 싹 비워 버립니다. 별로라는 걸 스스로 인정하면서도 그걸 먹으면서 맛있다는 가족의 칭찬은 달콤하고 듣기 좋습니다. 콧구멍을 벌름거리면서 다음 끼니 메뉴를 고민합니다.

태생적으로 싫어하는 것을 좋아하도록 바꿔 주는 건 너무 힘든 일이지만, 싫긴 해도 그럭저럭 매일 하는 행동으로 만들어 주는 건 가능합니다. 아이에게 글쓰기는 정 싫으면 안 해도 되는 아이스하키, 승마, 오카리나, 플루트 같은 취미 생활이 아니기 때문입니다. 글쓰기는 빼어나게 잘하지는 못해도 어느 정도 수준까지는 할 줄 아는, 매일 습관처럼 반복하다가 결국 자신도 모르는 사이에 실력이 나아지도록 도와줘야 하는 필수적인 영역입니다.

싫다는 아이, 살살 달래서 뭐라도 쓰게 해야 하는 이유, 이해되시죠? 그럼 이제는 방법을 고민해 봅시다.

하루 딱 한 줄만 쓰기

아이들은 두 부류의 사람의 말을 잘 듣습니다. 첫째는 학교, 학원의 선생님처럼 무서운 사람. 둘째는 내 마음을 이해하고 있는 듯한 느낌이 드는 사람. 부모라면 둘 다 가능하지만 두 번째에 속하도록 노력해야 합니다. 이렇게 매일 쓰려면 아이도 힘들겠다, 지루하겠다, 귀찮겠다는 마음이 들면 솔직하게 표현해 주세요. 그래야 아이들도 마음이 열립니다. 말을 듣고 싶어지고, 말을 하고 싶어집니다. 속으로만 아이 마음 알아줘 봐야 아이들은 부모의 마음을 알

수가 없습니다. 표현해 주세요.

그런 의미에서, 너무너무 쓰기 싫어하는 아이라면 일주일 정도의 시간을 주고 딱 한 줄 쓰기를 허락해 주세요. '한 줄만 쓰면 되고, 더 쓰고 싶으면 더 써도 괜찮아.'라고 허용적인 모습을 보여 주세요. 아이의 초등 시기 6년 중 일주일 정도의 방학은 조금도 불안해할 필요가 없습니다. 그런 시간을 보내 본 아이는 내 마음을 알아준 부모님에 대한 고마운 마음으로 스스로 마음을 다잡기도 한답니다.

뭐가 됐든, 한 줄만 써 봐. 더 쓰고 싶은 건 너의 자유!

좋아하는 것에 관해서만 쓰기

아이가 좋아하는 것, 뭘까요? 떠오르는 게 있으시죠? 그것에 대해서만 일주일 내내 쓰도록 해 보세요. 좋아하는 연예인, 유튜브 채널, 게임, 예능 프로, 만화책 등 아이의 취미 생활 중 순수하게 흥미와 관심을 보이는 영역이 있다면 주저하지 말고 그것 딱 한 가지에 대해 질릴 때까지 계속 써 보도록 하는 거예요.

저희 아들은 NBA에 푹 빠졌습니다. 밥 먹을 때, 차 타고 갈 때, 간식 먹을 때, 공부하다 말고, 아침에 일어나서 하는 첫마디도 NBA 선수들의 신상에 관해 읊는 거예요. (아주 그냥, 죽겠습니다.)

내년 시즌 예상 최우수 선수 열 명의 명단을 정확한 순서로 1위부터 10위까지 제게 말해 줍니다. (물어본 적 없어요.) 순위를 정확하게 외우라고 했다면 투덜투덜하는 것은 물론 헷갈리고 엉망이었을 텐데 말이에요. 좋아하는 것에 대해서는 이렇듯 정보가 많고, 정보를 남들과 나누고 싶어 하고, 많이 알고 있다는 걸 자랑하고 싶어 한답니다.

이런 걸 글로 옮기게 될 거예요. 정보를 그저 늘어 놓는 수준이어도 상관 없습니다. 이걸 소재로 삼아 글을 쓰는 동안만큼은 덜 지겹고 덜 싫고 조금은 할 만할 거예요. 매일 같은 주제를 반복해서 쓰는 아이 때문에 고민하는 경우가 있으시죠? 아이가 그 주제를 정말 좋아하거나 다른 쓸 만한 주제가 도통 떠오르지 않거나 둘 중 하나입니다. 좋아서 쓰는 거면 그냥 두시고, 쓸거리가 없는 거면 아이를 도와주세요.

따라 쓰기

글쓰기는 생각이 일어나는 활동이기 때문에 유익하고, 그렇기 때문에 아이들이 질색합니다. 글쓰기 때문에 계속 힘들어할 때는 한동안 따라 쓰기도 좋은 방법입니다. 쓰는 근육은 생기지만, 덜 힘들기 때문에 일종의 쉬어가는 느낌을 줄 수 있어요.

읽었던 책 중 가장 재미있었던 책을 따라 쓰게 하세요. 딱딱한 고전, 논어, 명심보감을 따라 쓰게 하는 경우도 있는데, 이것은 글쓰기 근육보다는 인성 교육을 목적으로 할 때입니다. 아이가 뭐라도 조금씩 매일 쓰는 습관을 갖는 것이 목표라면 아이가 좋아하는 책이 정답입니다.

언뜻 큰 의미도 발전도 없어 보이는 따라 쓰기 기간 동안에 맞춤법 교정, 문법 교정, 띄어쓰기 연습 등 결과적으로 글쓰기에 유용한 것들을 얻게 된답니다. 그냥 헛되이 보내는 시간만은 아니라는 거예요. 쓰기를 싫어하는 아이들도 이 정도는 순순히 해 보려고 할 거예요. 지켜보는 엄마의 여유가 중요하답니다.

우리 아이 글쓰기, 점검해 보세요

아이가 글을 곧잘 쓰고 있어도 다른 아이들이 더 많이 쓰고 훌륭하게 쓸까 봐 불안하고 궁금한 게 부모의 마음입니다. (사실 전 과목이 그렇습니다.) '이 정도면 괜찮습니다. 걱정하지 마세요.'라는 말씀을 편안하게 드릴 수 있을 몇 가지의 기준을 드립니다.

생각해 보면 결코 또래보다 모든 면에서 빠르거나 영특하지 않은 아이들을 키우고 있는 엄마이면서 제가 초등 시기 내내 과히 조급하지 않았던 건 초등 아이들의 학년에 따른 수준을 이미 알고 있었기 때문인 것 같습니다. '빠르진 않지만 그렇다고 완전히 늦은 것도 아니잖아.'라는 마음이었지요. '해 볼 만하다, 해 보자. 빨리는 못 가더라도 가고는 있다.' 이런 마음이었습니다.

다음의 항목을 점검해 보고 과히 나쁘거나 심하게 뒤처지지 않는 정도라면 안심하고 여유롭게 웃으면서 가세요. 빠르지 않으면 어떻습니까. 인생 길잖아요. 아이는 이제 초등이잖아요. 앞으로 백 살은 더 살아야 할 아이가 태어난 지 겨우 10년 만에 공부에 지치고 글쓰기에 지쳐서 아무것도 하기 싫어지면 그땐 이 아이를 어찌해야 할까요. 가랑비에 옷 젖듯 가 봅시다.

우리 아이가 자신 있게 또 부드럽게 이루어 가는 항목이 있고 턱없이 부족한 항목도 있습니다. 잘하면 칭찬, 부족한 건 엄마 마음에 새겨 놓고 기회를 봐서 하나씩 하나씩 슬슬 메워 보자고요.

학년별 글쓰기 분량 기준

학년	분량 기준
미취학, 1학년	그림 일기장 아래쪽 10칸 공책 기준 5줄
2학년	10칸 공책 기준 1쪽 넓은 줄 공책 5~10줄
3, 4학년	넓은 줄 공책 10줄
5, 6학년	좁은 줄 공책 15줄

글쓰기 습관 점검 항목

습관	주 1회, 2회 등 주기적인 글쓰기 습관이 자리 잡혀 있다. 쓰기로 한 날, 시간이 되면 시키지 않아도 시작한다.
분량	학년 수준에 맞게 목표로 하는 분량을 채워서 쓸 수 있다.(145쪽 '학년별 글쓰기 분량 기준' 참조)
태도	쓰기로 한 시간이 되면 책상, 식탁 등 매일 쓰던 장소에서 공책, 연필, 지우개를 준비하여 쓰기 시작한다. (눕거나 엎드리지 않음)
정리	다 쓴 공책, 쓰는 중인 공책을 정해 놓은 공간(책장, 책상 등)에 정리하여 보관한다.
시간	글 한 편을 쓰는 데에 30분이 걸리지 않는다. 글 쓰는 시간이 1년 전보다 조금 단축되었다.
주제	한 가지 주제를 정해 자세히 쓴다. 주제를 벗어나는 엉뚱한 이야기는 넣지 않는다.
글씨	다른 사람이 알아보고 읽을 수 있는 글씨를 쓴다. 빠르게 흘려 쓰지 않고 잘 못 써도 또박또박 천천히 눌러쓰는 습관이 있다.

학년별 시도해 볼 글의 종류

학년	글의 종류
미취학	한글 읽기, 선 따라 긋기, 한글 쓰기(이름 등)
1, 2학년	한글 쓰기, 그림 일기, 받아쓰기 10칸 공책 일기, 10칸 공책 독서록, 편지, 동시
3, 4학년	넓은 줄 공책 일기 10줄, 자유 글쓰기, 독서록, 설명문, 보고서, 기행문
5, 6학년	일기 1쪽(15줄 이상), 논술 영어 글쓰기, 칼럼

2 부

초등 영역별
글쓰기 도전하기

초등 글쓰기의 시작,
매일 10분 일기 쓰기

일기 그날 겪은 일이나 생각, 느낌 등을 쓴 글.

초등 글쓰기의 시작이자 글쓰기 습관의 기본인 일기.

하지만 일상은 늘 비슷할 수밖에 없기에

초등 아이들이 가장 지겨워하는 글쓰기이기도 합니다.

어떻게 하면

덜 힘들고, 덜 지겹고, 더 빠르게, 더 재미있게

쓸 수 있을까요?

1

일기에 관한 어른들의 오해, 아이들의 착각

일기를 지도하는 부모님, 선생님 모두가 경험해 봐서 알겠지만 매일 일기를 쓰는 일은 호락호락하지 않습니다. 살다 보면 맨날, 그 날이 그날 같습니다. 아침에 일어나 밥 먹고 학교 갔다가 학원 갔 다가 집에 와서 저녁 먹고 숙제하고 자는 걸 반복하는 게 평범한 초등생의 하루입니다.

나름대로는 공을 들여 썼는데 쓰고 보니 어제랑 거의 비슷한 글 이고, 조금 다르게 써 보려니 바쁜 저녁 시간에 시간이 너무 오래 걸립니다. 안 쓰려고 하는, 미루려고 하는, 짧게 쓰려고 하는, 대충 쓰려고 하는 아이를 다시 잡아 와 앉혀 끝내 어느 정도 수준으로 만드는 일은 안 그래도 바쁜 일상의 부모에게는 부담스러운 숙제입니다.

일기 때문에 아이도 부모도 참 괴롭습니다. 일기가 괴로우면 일상이 괴롭습니다. 어쩌다 한 번이 아니라 매일 써야 하는 글이 이렇게 지겹고 괴로우면 매일 한숨이 날 수밖에 없습니다.

이렇게 지겹고 괴로운데도 일기 쓰기가 중요한 이유는 내 경험과 생각을 글로 표현할 수 있는 가장 기초적인 방법이기 때문입니다. 오늘 내가 경험했던 일과 그에 관한 느낌, 생각을 쓸 수 있다면 이후의 독후감, 영화 감상문, 논설문, 설명문, 칼럼 등으로 확장해 나갈 수 있기 때문입니다. 화려한 개인기를 가진 축구 선수가 되려면 빨리 달리기, 근력 키우기, 공 주고받기 등의 기본기를 갖추어야 하는 것처럼 글을 잘 쓰려면 오늘 있었던 일부터 글로 표현할 수 있어야 합니다.

그래서 초등 글쓰기의 핵심은 일기입니다. 그런데 정말 많은 초등 아이가 일기에 대해 착각을 하고, 정말 많은 부모님이 일기에 관한 오해를 하고 있음을 발견했습니다.

지금부터 말씀드릴 몇 가지의 편견만 바로 잡아도 아이의 일기 숙제는 훨씬 덜 괴롭고, 덜 부담스러워지리라 생각합니다. 혹시 우리 부모님들도 초등 때의 느낌을 떠올리며 일기를 오해하고 있었다면 훌훌 털어 버리세요. 일기는 그렇게까지 괴롭고 힘든 일이 아닙니다.

일기는 반성하려고 쓰는 것이 아니에요

시킨 적이 없는데, 아이들 일기의 마지막 줄은 '다시는 이러지 말아야겠다.' 아니면 '오늘도 참 재미있었다.'입니다. 오늘도 재미 있었던 건 좀 낫습니다만, 매일 후회하고 반성하게 만드는 것이 일기의 목적은 아닙니다. 그렇게까지 잘못한 일도 없을 뿐 아니라 잘못 없이, 실수 없이 살아가는 게 아이 인생의 목표도 아닙니다. 예전에 쓰던 일기장 양식에는 '오늘의 반성할 일'이라는 칸이 따로 있기도 했는데, 그럴 것까지 있나 싶습니다.

혹시나 잘못한 일이 있다면 글쓰기라는 과정을 통해 반성하고 다시는 그런 실수를 반복하지 않는 것, 글쓰기를 통해 자기 성찰을 지속하여 인격적으로 성장하는 것, 잘못된 행동을 고치는 기회로 삼는 것이 일기의 목적은 아닙니다. 그건 반성문의 역할이에요.

때로는 잘못하고 실수한 일을 적는 날도 있겠지만 그보다는 아이가 잘한 일, 자랑스럽게 느낀 일, 놀랐거나 웃겼던 일을 쓰는 공간이었으면 좋겠습니다. 반성하지 않아도 괜찮고, 매일 한 가지씩 떠올리며 반성할 만큼 큰 잘못을 계속하는 아이도 없습니다.

맞춤법, 띄어쓰기가 중요한 게 아니에요

일기를 쓰는 내내 한 글자, 한 단어마다 맞춤법, 띄어쓰기를 확인하고 물어보고 고치는 경우가 있어요. 단호하게 말씀드리면, 이제 일기 쓰는 습관이 잡혀가는 아이에게 정확한 맞춤법, 띄어쓰기를 기대하고 요구할 필요는 없습니다. 틀려도 괜찮아요. 어른도 틀려요. 매일 글 쓰는 저도 아직 신나게 틀립니다.

고치고 싶다면 다 쓰고 나서, 일단 일기 분량을 채우고 나서 눈에 띄는 몇 가지만 고치게 하세요. 굳이 안 고쳐도 되지만, 엉터리로 쓰는 걸 못 견디는 아이라면 몇 가지만 살짝 고쳐 쓰게 해 주는 것으로도 충분합니다.

밤에 쓸 필요가 없어요

일기는 자기 직전에만 써야 한다고요? 그럴 필요가 없습니다. 일기 쓸 거리가 생각났을 때 바로 쓰면 좀 더 일기 쓰기가 쉬워집니다. 학교에서 돌아온 직후, 학원에서 돌아온 직후, 저녁 식사 직후 등 일기를 쓸 수 있는 시간대는 많습니다. 공부를 다 마치고 이미 피곤하고 늦은 시간에 쓰기 시작하니 일기는 늘 힘들고 어렵고 짜증이 납니다. 일기에 대한 부정적인 감정의 원인 중 한 가지는 일기 때문에 못 놀고, 못 잔다는 것 때문입니다. 일기 때문에 못 하는 게 생기지 않으려면 일기는 진작 끝내 버린 괜찮은 숙제여야 합니다.

부정적인 감정도 괜찮아요

교실에서 일기 검사를 하다 보면 거짓인데 사실처럼 쓰는 아이들이 제법 많습니다. 영혼이 담겨 있지 않은, 선생님과 부모님께 보여 주기 위한 적당한 내용을 지어 쓰는 것이지요. 착한 척, 효자인 척, 행복한 척, 즐거운 척을 하거나 잘못한 것이 있는데도 숨기는 것이지요. 솔직하게 썼을 때 일어날 일이 예상되기 때문에 미리 꾀를 낸 거예요.

초등 시절의 저는 혼나고 나면 들어가 일기를 썼어요. 그래서 지금껏 보관 중인 초등 시절의 일기에는 엄마 욕이 가득합니다. 덕분에 큰 고비 없이 사춘기를 넘기고 공부에도 집중할 수 있었던 것 같습니다. 친구에게 서운한 일이 있을 때도, 언니랑 싸워서 짜증 날 때도 일기장을 펼쳤어요.

어쩌다 확인한 아이의 일기장에서 주변인, 일상에 관한 부정적인 감정을 발견하면 엄마는 당황스럽습니다. 아이의 문제를 당장 해결해 주어야 할 것 같고, 이렇게 불만이 많으면 비뚤어진 아이로 성장할 것 같아 불안한 마음이 들 겁니다.

하지만 부정적인 감정을 일기장에 털어놓는 것은 매우 긍정적이고 효과적인 스트레스 해소법입니다. 아이들도 숨 쉴 구멍이 있어야 해요. 숨을 쉬게 해 주면 시키지 않아도 웃고, 뛰고, 날아다니는 게 우리 아이들입니다. 바로 반응하거나 지적하기보다는 아이의 힘든 마음을 알게 된 것에 의미를 두고 서로에게 편안한 시간을 찾아 대화를 통해 아이 마음을 위로하고 격려했으면 합니다.

표준어로만 쓸 필요가 없어요

내가 하고 싶은 이야기를 그대로 글로 옮겨 놓는다고 생각하고 말하듯이 쓰게 하세요. 했던 말을 그대로 옮기고, 들었던 말을 그대로 옮기다 보면 표준어가 아닌 말들도 많을 게 분명한데, 신기하게도 일기장에 있는 대화는 모두 표준어입니다. 아이가 읽는 사람을 의식하여 자체 교정을 한 거예요.

때로는 아이 일기를 봐주는 엄마도 담임 선생님을 의식하여 표준어를 강요하기도 합니다. 그러나 생생하게 살아있는 대화문만큼 일기에 힘을 불어 넣는 문장도 없습니다.

2

매일 10분,
일기 쓰는 예쁜 습관 만들기

　평일 5일, 매일 10분, 일기만 꼬박 잘 써도 초등 글쓰기는 성공입니다. 그만큼 쉽고도 중요한 일이 일기입니다. 일기 쓰는 습관만 잘 잡아 주어도 이후의 글쓰기로의 확장은 기대해 볼 만하고 훨씬 수월하게 느껴질 거예요.

　문제는 겨우 10분의 일기 쓰는 습관 만들기가 만만치 않다는 사실입니다. 해는 기울어져 가는데, 아까부터 일기장을 펼쳐 놓고 '뭐 써?'라고 물으며 한숨 쉬는 아이를 보고 있으면 엄마도 한숨이 납니다. 그 시간이 점점 길어지고, 졸리고, 피곤하고, 화가 납니다.

　일기 습관을 잡기 위해서는 횟수, 내용, 분량을 따지지 말고 아주 적게 시작하여 결국 매일 한 편씩 정해진 주제에 관하여 뚝딱 쓰는 걸 목표로 삼으세요. 쉬운 일은 아니지만, 저학년 때부터 꾸준히 잘 써 온 아이들은 고학년이 되면 일기 쓰기 정도는 아주 만만히 여깁니다. 반대로, 꾸준히만 썼으면 이 정도는 아니었을 텐데 싶은 안타까운 수준의 일기도 6학년 교실에서 종종 만나곤 합니다.

지금 아이가 고학년인데도 일기 쓰는 습관이 잡히지 않았고 일기의 수준이 저학년에 머물러 있다면 지금부터 안내해 드리는 대로 저학년의 느낌으로 아주 적은 분량부터 시작하세요. 그래야 성공 확률이 높습니다. 아이를 잘 키우고 공부를 시키는 일은 확률의 문제입니다. 반드시 예상했던 결과를 얻을 수는 없겠지만 그 결과를 얻을 가능성을 조금이라도 높일 방법은 분명히 있습니다.

시작은 제발 한 줄만

언젠가는 잘 쓰게 되겠지만 (꼭 그렇게 될 거예요.) 아직은 아니에요. 아이는 이제 막 일기라는 것을 배웠고 일기장이라는 공책을 처음 펼쳤습니다. 뭘 어떻게 쓰라는 건지 이해하지 못하는 아이에게 분량을 요구하지 마세요. 의미 없습니다.

분량은 학년이 올라가고, 글쓰기 근육이 생기고, 쓸 거리가 좀 더 풍성하게 생기기 시작하면 조금씩 자연스레 늘어나게 됩니다. 강요하다 보면 정말 억지스럽고 엉망으로 쓰게 될 수밖에 없어요.

'한 줄만 써도 괜찮아.'라고 말해 주세요. 덧붙여 주실 말은 '할 말 있으면 더 써도 되고.' 입니다. 한 줄 쓰라면 세 줄 쓰는 청개구리들이 알아서 분량을 늘리고 있을 거예요.

한 줄만 어떻게 쓰는 건지 궁금해 할 아이들을 위해 예시를 보여드리겠습니다. 이렇게만 쓸 수 있으면 얼마든지 발전할 여지가 있습니다. 이 한 줄에 살을 붙이고, 경험을 더하고, 느낌을 덧붙이면서 분량은 서서히 늘어나게 될 거예요.

> ❀ 오늘은 비가 많이 왔다. 신발이 젖었다.
> ❀ 치킨을 시켜 먹었다. 맛있었다.
> ❀ 숙제를 많이 했다. 손이 아프고 졸리다.
> ❀ 여행을 다녀왔다. 발이 아프지만 재미있었다.
> ❀ 세뱃돈을 많이 받아서 기분이 좋다.

허용적인 대화 분위기의 기적

가족 간에 나누는 대화의 소재는 제한이 없었으면 합니다. 오늘 있었던 일부터 간밤의 꿈 이야기, 먹고 싶은 음식과 가고 싶은 여행지, 나를 열 받게 한 사람과 오늘 당한 굴욕적인 사건까지. 친구에게, 남에게 다 털어놓을 수 없는 시시콜콜한 이야기들이 가족끼리는 아무렇지 않고, 재미있고, 나누고 싶은 소재가 될 수 있습니다.

아무리 사소한 이야기라도 귀담아듣고, 아무리 치사한 이야기라도 면박 주지 말고, 아무리 부러운 이야기라도 배 아파하지 않을 수 있는 사이가 가족이잖아요. 그러니 우리끼리는 어떤 이야기도 솔직하고 자세하게 나눌 수 있고, 이 모든 대화는 글이라는 옷을 입고 '짜잔' 하며 언젠가 부모님을 깜짝 놀라게 할 거예요. (물론 그 시기는 아이마다 매우 다릅니다.)

'우리 애가 무슨 생각을 하는지 모르겠어요.'라고 답답한 마음이 든다면 오늘부터 노력해야 해요. 당장 자신의 생각을 가감 없이 털어놓을 리는 없겠지만 학교에서 있었던 일이라도, 학원에서 선생님께 들은 말이라도 대략 말하고 싶고, 말할 수 있는 분위기를 만들어 주기 위해 노력하세요. 말과 글은 가까이 보면 달라 보이지만 멀리서 보면 결국 하나입니다. 그 뿌리가 생각이기 때문에 생각을 표현하는 방식의 차이일 뿐, 결국 그 사람이 가진 생각이 글의 핵심입니다.

웃음 포인트 놓치지 않기

종일 깔깔 웃을 일은 없지만, 하루 한 번 정도는 크게 웃을 일이 생길 거예요. (그랬으면 좋겠습니다.) 어이없는 실수 때문에, 웃긴 라디오 사연 덕분에, 열심히 공부하는 아이 덕분에, 엄마의 맛있는 저녁 반찬 덕분에 웃을 일이 생깁니다.

그 순간을 놓치지 마세요. 한참 웃고 나면 슬쩍 한 마디를 더하세요. '이거 갖고 일기 써 보면 재밌겠다.'라고 말이에요. 아무 생각 없이 웃고 지나갔을 일이 훌륭한 일기 한 편으로 남게 됩니다.

시간 정해 놓고 쓰기

일기 쓰기 초기에는 쓰는 시간을 정해 주세요.

공부 습관이 잡히지 않은 아이는 어떤 공부를 어떤 순서로 할지를 부모와 함께 결정해야 합니다. 이때 일기를 언제쯤 쓸지에 관해 대략적인 원칙을 잡아 두면 좋습니다. 학교 다녀와서 바로 쓰기, 저녁 먹기 전에 쓰기, 저녁 먹은 뒤에 쓰기, 공부 다 마치고 쓰기 등 정확한 시간보다는 '언제쯤 쓸 것인가'의 규칙에 관한 이야기입니다.

또, 쓰기 힘들다는 이유로 일기 한 편을 붙들고 한 시간씩 고생하는 걸 막기 위해서는 스톱워치를 활용하는 것도 방법입니다. 아이의 신청 곡이 있다면 서너 곡 정도 흘러나올 동안 일기 끝내기 미션 등으로 약간의 긴장감을 더해 주세요. 게임을 하듯, 경주하듯 집중해서 열심히 써 보려는 모습도 볼 수 있을 겁니다.

물론 때로는 시간에 쫓기듯 쓰느라 글씨가 엉망이거나 분량이 턱없이 부족할 수도 하지만 그렇다고 마냥 늘어지게 두면 아이를 더 힘들게 할 수 있습니다.

일기 쓰는 시간은 30분이 넘지 않게 해 주세요. 속도감 있게 마무리하기 위해서는 일기 쓰기 전 5분을 잡아야 해요. 5분을 잘 보내면 나머지는 시키지 않아도 도와 주지 않아도 알아서 척척 해냅니다. 일기 한 편을 20분 안에 마칠 수 있는 정도의 시간이면 적당합니다. 글쓰기가 숙달될수록 시간은 단축되고 내용은 알차질 겁니다. 글쓰기 근육이 생기고 나면 빠르면 10분도 가능해질 거예요. 글씨 쓰는 속도가 유난히 느린 아이라고 해도 30분 정도면 완성할 수 있습니다. 목표로 했던 시간 안에 마쳤다면 즉각적인 보상을 주는 것도 좋습니다.

시작은 주 1회만

보통 일기 숙제는 빠르면 1학년 1학기, 늦으면 1학년 2학기나 2학년 1학기 정도에 시작합니다. 쓰라고는 하지만 검사는 안 하는 경우도 많습니다. (아동 인권 보호 차원에서요.) 매일 쓰는 게 목표지만 시작은 일주일에 1회만으로 충분합니다.

학교 담임 선생님께서 숙제로 내 주시는 경우에는 성실히 해가는 것을 목표로 하되 학교에서 별도의 과제로 제시되지 않는다면 엄마표로 시작해 보세요. 1학년 2학기 정도에 주 1회의 그림 일기로 시작하면 적당합니다. 이후 학기 단위로 횟수와 분량을 늘리도록 유도하세요.

글쓰기를 좋아하고 자신 있어 하는 아이라면 학기 단위로 성장하는 모습이 눈에 띄게 두드러질 겁니다. 그렇지 않은 아이라면 1년이 지나도 제자리처럼 보일 수 있습니다. '언젠가 때 되면 알아서 하겠지.'하며 두기보다는 아주 조금씩, 일주일에 한 번씩이라도 뭐라도 쓰는 습관에 관심을 두고 지도해 주세요.

공책 바꾸는 건 되도록 천천히

10칸 공책으로 시작했던 저학년의 일기 쓰기가 2, 3학년이 되면 넓은 줄 공책으로 넘어가게 됩니다. 이때 아이의 띄어쓰기가 안정될 때까지는 최대한 오랫동안 10칸 공책으로 일기장을 유지하는 것이 유리합니다. 칸 공책으로 충분히 연습하지 않고 줄 공책으로 서둘러 넘어가 버리면 초등 내내 띄어쓰기로 고생을 하기 때문이에요.

비슷한 원리로, 4학년 정도가 되면 급하게 좁은 줄 공책으로 일기장을 바꾸는 경우가 있는데 되도록 천천히 해 주세요. 좁은 줄 공책은 초등 아이의 글씨보다 좁아서 줄에 비집고 쓰려고 애쓰다 보면 글씨가 망가지기 쉽습니다.

좁은 줄 공책이 무엇보다 일기 쓸 때 아이를 괴롭히는 이유는 아무리 많이 써도 분량이 적어 보인다는 점입니다. 써도 써도 절반이 되지 않습니다. 아이로서는 상당히 절망적입니다. 써 보겠다는 다짐을 무너뜨리기도 합니다.

담임 선생님께서 좁은 줄 공책을 일기장으로 지정하신 게 아니라면 넓은 줄 공책, 넓은 줄 일기장을 계속 유지하세요. 넓은 줄 공책으로 매일 한 쪽씩 거뜬히 채우는 날이 한 학기 이상 지속되면 아이와 상의하여 다음 수준의 공책을 골라 보세요.

생각 그물 만들기

글쓰기 전에 함께 수다 떠는 기분으로 가볍고 방만한 생각 그물을 만들어 보세요. 생각 그물은 정한 주제에 관한 글감들, 떠오르는 생각들을 자유롭게 적어 보는 활동이에요. 처음에만 같이 해 주면 이후에는 알아서 척척입니다.

책상 위에 두어도 괜찮을 크기의 작은 화이트보드(자석 칠판)를 활용하는 것도 아이의 호기심을 불러일으키는 데 좋습니다. 오늘 있었던 일 중 생각나는 단어들을 화이트보드에 마커를 이용해서 즉흥적으로 적어 보는 거예요. 교실의 선생님처럼 말이에요. 선생님 놀이하듯 재미있어 합니다. 그렇게 자유롭게 적어 놓은 단어 중에서 오늘을 대표할 만한 가장 쓸거리가 많은 단어 하나를 고르고, 그것을 오늘 일기의 주제가 되게 해 보세요.

오늘 일 말고 다양한 주제

일기의 기본은 오늘 있었던 일 중 가장 인상적인 일 한 가지를 골라 자세히 쓰는 방식입니다. 그러다 보니 맨날 일기가 똑같거나, 일기 쓸 때마다 쓸거리가 없다고 하거나, 주제를 정하지 않고 아침부터 저녁까지의 일을 순서대로 모두 쓰는 일이 생깁니다.

초등의 일기는 '오늘 있었던 일이라는 가장 생생하게 기억나는 만만한 쓸거리를 가져와서 조금이라도 덜 힘들게 써 보자.'라는 의도일 뿐 꼭 오늘 있었던 일을 담는 곳이 아니에요. 일기는 일기장인 동시에 다양한 주제를 담은 주제 글쓰기의 연습장이 될 수 있어요.

오늘 쓰는 일기의 주제가 오늘 일이 아니어도 되고, 상상한 내용도 좋고, 아주 오래전에 있었던 일도 좋아요. 소재, 주제가 자유로운 건 물론이고, 형식도 마찬가지예요. 편지글, 설명문, 동시, 논설문, 감상문 등 다양한 종류의 글이 모두 일기장에 담길 수 있어요.

이런 다양한 글이 일기장에 담겨도 '일기를 썼다.'라고 인정받을 수 있는 이유는 초등 일기의 목적이 분명하기 때문이에요. 일기라는 형식, 일기장이라는 틀의 힘을 빌려 초등 시기부터 꾸준히 글쓰기를 지속하고 발전시켜가기 위함이라는 것을 기억해야 해요. 오늘 있었던 일을 기록하고, 기억하고, 나중에 그 기록을 찾아보기 위함이 아니라 조금 더 쉬운 글쓰기, 처음 글쓰기의 방식이라고 생각하면 쉬워요.

언제나 쓸거리를 찾지 못해 막막해하는 아이와 부모님들을 위해 일기장에 쓰기 좋은 주제 100가지를 알려 드릴게요. 학교에서 일기 숙제 내 줄 때 하나씩 골라 내 주던 주제들인데, 이렇게 주제를 정해 주면 오늘 무슨 일이 있었는지 떠올리지 않아도 되고, 어제와 판박이 같은 일기를 쓸 일도 없습니다.

기본적으로는 '오늘 있었던 일' 중 한 가지에 대해 자세히 쓰되, 오늘 특별한 일이 없었다면 다음의 주제 중 하나를 골라 써 보게 해 주세요.

3

지금 당장 쓸 수 있는
재미있는 일기 주제 100

일기 주제를 잡는 법은 생각보다 단순해요.

평범한 일상 속 우리 살아가는 모습에 답이 있어요. 말수가 없는 사람이든 언제나 할 말이 넘치는 사람이든 그 사람이 목소리에 힘을 주고 이야기를 시작하는 소재가 있을 거예요.

그런 소재에는 바로 아래와 같은 공통점이 있답니다. 일기의 주제는 이런 것들이라는 거예요.

❶ 직접, 간접적으로 경험해 본 적이 있다.

❷ 전보다, 다른 사람보다 잘 아는 편이다.

❸ 좋아하고 관심이 많다.

❹ 일상과 밀착되어 있다.

위의 공통점을 가지고 저의 일기 주제를 뽑아 볼게요.

❶ **경험해 본 적이 있다** – 임신, 출산, 수유 등
❷ **잘 알고 있다** – 에어 프라이어로 고구마 말랭이 만드는 법
❸ **좋아하고 관심이 많다** – 현빈의 작품과 외모에 관하여
❹ **일상과 밀착되어 있다** – 제대로 맛있는 포도즙의 특징

이런 식의 예시는 누구라도 수십 개씩 찾아낼 수 있어요. 초등 아이도 그렇습니다. 완벽한 주제보다 뭐든 조금이라도 할 말이 있는 주제를 찾는 거라면 이제 막 일기를 시작한 아이에게도 그다지 어려운 일이 아니에요.

교실에서 쉬는 시간에 목에 핏대 세우면서 신나게 말하는 아이의 이야기를 가만히 듣다 보면 그 진지함에 놀라 웃음이 터질 때가 있어요. 같이 웃자고 공유해 보면 어제 놀이터에서 백 원 주운 일, 주말 예능 프로에 좋아하는 연예인 나온 일, 게임 레벨 올린 일, 줄넘기 2단 뛰기 성공한 일, 오늘 학교 끝나고 할머니 놀러 오시기로 한 일, 엄마 때문에 짜증 나서 덤볐다가 혼난 일 등입니다. 누구에게나 있을 수 있는 일이고 정말 좋은 일기의 주제가 될 수 있어요.

다만, 이런 것을 일기에 써도 되는지 망설이고 재고 있었던 것뿐이에요.

아직 일기 주제 잡기에 서툰 초등 아이를 위해 뭐라도 조금은 쓸 말이 있을 법한 일기 주제를 골라 알려 드리려고 합니다. 다음의 주제를 보여 주고 하나를 골라 써 보라고 하면서 시작하세요. 그렇게 주제를 골라 쓰는 일이 익숙해지면 제시된 주제를 변형하면서 확장해 나가면 좋습니다. 예를 들어 '부모님을 존경하는 세 가지 이유'라는 주제를 써 봤다면 '엄마를 존경하는 세 가지 이유', '부모님을 이해할 수 없는 세 가지 순간', '아빠가 담배를 끊게 하기 위한 세 가지 방법' 등도 충분히 가능하겠지요. 이런 변형의 과정은 충분히 넘칠 만큼 자연스럽게 일어날 수 있지만 그렇지 않다면 일기 주제를 잡는 첫 5분을 이용해 슬쩍 알려 주거나 유도해 볼 수 있습니다.

제시해 드릴 각 주제에 맞춰 쓰다 보면 그 자체로 설명문, 논설문, 기행문, 생활문, 보고서, 편지글이 되기 때문에 자연스레 국어 교과서 속 글쓰기를 경험하고 익히게 합니다.

주제 1. 가족

가족과 보내는 시간, 경험이 많으니 주된 소재가 될 수밖에 없습니다. 그런 만큼 싫증 난 소재로 느끼기 때문에 신선한 아이디어를 더해 쓰고 싶은 마음을 자극할 필요가 있습니다.

저학년의 일기는 가족을 소재로 삼는 경우가 매우 빈번하고, 고학년일수록 친구, 공부, 학원, 학교 등 가족 밖의 인간관계로 그 반경을 넓혀가는 것이 보통입니다. 또, 고학년이라면 가족에 대한 불만, 분노도 포함되면서 일기장을 보지 못하게 하기도 한답니다. 아이의 이런 변화를 자연스러운 성장 과정으로 받아들이고 따뜻하고 대견스럽게 바라봐 주세요. 6학년이 되어도 세상에서 우리 엄마가 제일 예쁘고 천사 같다는 건, 좀 어색하지 않나요?

❶ 우리 가족 중 한 명을 골라 특징(장·단점) 설명하기
❷ 공부하기 싫을 때 부모님께 하고 싶은 말
❸ 가족 여행 중 가장 기억에 남는 장소는?
❹ 엄마(혹은 가족 중 한 명) 때문에 심하게 짜증 났던 경험
❺ 우리 가족의 다음 여행 계획하기
❻ 부모님을 존경하는 이유 세 가지
❼ 다른 가족이 매우 부러워지는 순간
❽ 우리 가족이 주말을 보내는 모습 설명하기
❾ 엄마의 음식 중 가장 맛있는 것 세 가지
❿ 부모님께 받고 싶은 선물 열 가지

주제 2. 나

나에 관한 글쓰기는 학년과 상관없이 바로 어렵지 않게 시작해 볼 수 있습니다. 자존감이 높고 자신감에 가득찬 저학년 시기에는 나에 관한 자랑을 늘어 놓아 보면 좋습니다. 정서적인 성장이 급격해지는 고학년이 되면 자신에 관한 생각, 불만, 진로에 관한 고민이 늘어나기 때문에 나에 관한 일기를 쓰는 것이 의미 있는 성장과 치유의 과정이 되어 주기도 합니다.

상황이 허락한다면 아이가 자신에 관해 쓴 일기는 부모님께서 꼭 읽어 보세요. 무심한 말투, 바쁜 일상 때문에 무슨 생각을 하고 사는지 알 수 없어 답답했다면, 아래의 주제를 추천한 후에 아이의 마음과 생각이 담긴 글을 읽으며 아이를 알아가 보세요.

❶ 요즘 나의 최대 고민 세 가지

❷ 나의 장점, 단점 세 가지

❸ 요즘 나에게 스트레스를 주는 것과 그것을 해결할 방법

❹ 올해 꼭 이루고 싶은 것 세 가지

❺ 자기 소개하기

❻ 지금까지 있었던 일 중 가장 기억나는 사건 열 가지 쓰기

❼ 내 보물 세 가지

⑧ 어른이 되면 꼭 해 보고 싶은 일

⑨ 요즘 내가 가장 자주 하는 일

⑩ 내가 자랑스러웠던 최고의 순간

주제 3. 감정

있었던 일, 경험한 일, 본 일, 들은 일을 자세히 쓰는 건 어려워하지 않는 아이도 막상 그 일에 관한 느낌을 써 보라고 하면 연필을 잡은 채 머뭇거립니다. 일상적으로 느끼는 감정의 종류가 제한적이고 글로 표현하기 어려운 감정이 들 때도 많기 때문이에요. 그래서 이 과정을 거꾸로 해 보려고 합니다. '그래서 어떤 느낌이 들었어?'가 아니라 '이런 느낌이 드는 순간은 언제였어?' 하는 식이지요.

감정에 관해 쓰는 경험은 자기의 생각, 느낌이 상대적으로 많이 포함되기 때문에 한동안 낯설어할 수 있어요. 이런 감정을 느꼈던 어떤 상황, 어떤 순간에 대해 자세히 설명하다 보면 그때 왜 그런 느낌이 들었는지 자연스럽게 표현하게 되고 이런 글쓰기를 통해 이후의 일기에서 내 느낌을 표현하는 것이 조금 더 편안해집니다.

❶ 미안하다

❷ 속상하다

③ 설렌다

④ 기쁘다

⑤ 불안하다

⑥ 짜증 난다

⑦ 지루하다

⑧ 무섭다

⑨ 후련하다

⑩ 찝찝하다

주제 4. 방법

자기가 잘 알고 있는 분야에 관해 설명할 때는 비록 힘든 글쓰기 과정이지만 좀 더 즐겁고 자신감이 넘치는 게 보통입니다. 제가 지금 초등 아이 글쓰기 지도하는 방법에 관한 글을 쓰기 때문에 이렇게 자신 있게 책 한 권을 꽉 채울 수 있는 것처럼 말이에요.

방법을 설명하는 일기를 쓰기 전에는 이것에 관해 가족에게 말로 설명해 보고 설명한 내용을 그대로 일기장에 옮겨 보도록 유도하면 훨씬 쉽습니다. 또, 표현이 적고 말하기를 쑥스러워 하는 아이라도 자신감 있는 분야에 관한 설명을 하는 것이라면 글쓰기를 통해 머릿속의 것들을 모두 쏟아 보일 수 있습니다.

① 보드게임 하는 방법(게임 하나 고르기)

② 유튜브 채널을 운영하는 방법

③ 맛있는 김밥 싸는 법

④ 부모님께 혼날 때 대처하는 방법

⑤ 공부를 빠르게 끝내는 방법

⑥ 집 안에서 하루를 지루하지 않게 보내는 법

⑦ 내 방과 책상을 깨끗하게 정리하는 방법

⑧ 게임 레벨 올리는 확실한 방법

⑨ 공부하기 싫을 때 부모님 설득하는 방법

⑩ 일찍 자기 싫을 때 핑계 대는 방법

주제 5. 내 의견 주장하기

고학년이 되면서 서서히 자신만의 주장이 생기고 부모와 선생님께 불만이 생긴 아이의 마음은 그 자체로 훌륭한 일기의 주제가 됩니다. 뭐가 그렇게 불만이냐, 어린 것이 말대꾸하냐는 식으로 무시하고 넘어가지 마세요. 아이의 불만과 그 이유를 정리해서 글로 적어 보도록 해 주세요. 특별히 바라는 것이 있다면 그에 관한 주장, 근거도 정리해 보면 좋습니다. 이것은 6학년에 시도하게 될 논술의 기초 공사에 해당한답니다.

시작은 대화입니다. 아이와 대화하는 중에 아이가 주장을 내세우기 시작하는 순간을 놓치지 마세요. 강력하게 하고 싶다고 하거나 하기 싫다고 하는 일이 있을 때 '왜 그렇게 생각하는지, 그렇게 생각하는 이유가 무엇인지'에 관한 대화를 나누면서 자연스럽게 주장하는 글로 연결하게 하세요.

❶ 나는 이제 ○○ 학원에 그만 다니고 싶다.

❷ 초등학생은 책을 많이 읽지 않아도 된다.

❸ 친구들끼리 욕을 좀 해도 괜찮다.

❹ 복도에서는 뛰어도 괜찮다.

❺ 부모님께 꼭 효도해야 하는 것은 아니다.

❻ 올해 반장이 되고 싶지 않다.

❼ 공부를 많이 할 필요가 없다.

❽ 올해 어린이날에는 ○○○을 선물로 받고 싶다.

❾ 공부 중에서 ○○은 이제 그만해도 될 것 같다.

❿ 집 안에서 뛸 수 있는 자유가 필요하다.

주제 6. 감상문

코로나 사태로 아이들이 집에서 보내는 시간이 길어지면서 아이들의 스크린 타임(영상 매체를 통해 콘텐츠를 접하는 시간)이 늘어나고 있습니다. 부모님의 고민도 함께 깊어지는 시간입니다. 이럴 때 시청했던 콘텐츠의 주요 줄거리, 느낌, 의견, 제안을 글의 주제로 연결해 보세요.

요즘에는 스크린 타임을 싫어하는 아이도 거의 없는 데다 시키지 않아도 자발적으로 잘 챙깁니다. 이때 감상문 형태의 일기 쓰기를 약속 받은 뒤, 정해진 시간만큼의 자유를 주면 됩니다.

순서가 중요해요. 스크린 타임을 하고 나서 기분 좋게 쉬려는 아이에게 일기를 쓰라고 하기보다는 스크린 타임을 시작하기 전에 감상문에 관한 합의가 먼저 있어야 합니다.

❶ 영화: 주인공, 내용, 결말 바꾸어 보기
❷ 스포츠 중계: 좋아하는 팀, 선수, 종목
❸ 드라마: 주인공, 내용, 다음 이야기 예상해 보기
❹ 예능 프로그램: 좋아하는 연예인, 진행 방식
❺ 유튜브 영상: 채널 특징, 주인공, 새롭게 알게 된 점
❻ 게임: 게임 소개, 레벨 올리는 법, 아쉬운 점
❼ 다큐멘터리: 소재, 새롭게 알게 된 점
❽ 카카오톡 대화: 대화 주제, 대화방 참여자 소개
❾ 인터넷 검색: 검색어, 새롭게 알게 된 점, 검색 사이트

❿ 인스타그램: 인상 깊은 게시물

주제 7. 계획

우리는 일상에서 자주 계획을 세워요. 장 보러 나갈 때도 꼭 사야 할 것들을 적어 가고, 주말에 뭐하고 뭐 먹을지도 계획을 세웁니다. 매번 거창한 계획표를 적는 건 아니지만 머릿속에 떠올리며 삽니다. 그중에는 가족 모두가 함께 계획하는 일도 있고 아이만의 계획도 있습니다. 계획을 세울 만한 특별한 일이 있다면 아이가 세워 보는 계획이 그 자체로 일기가 될 수 있습니다. 여름 휴가 계획은 부모님이 최종적으로 확정하겠지만 아이도 나름의 휴가 계획이 담긴 글을 쓸 수 있어요. 그리고 아이 글 속의 아이디어를 휴가 일정에 반영해 볼 수도 있고요. 아이 잘 키우기, 어렵지 않아요.

❶ 올해 여름 휴가 계획 세우기: 장소, 일정, 맛집, 체험 활동
❷ 이번 달 공부 계획 세우기: 과목, 시간, 분량
❸ 아빠 생신 파티 계획: 시간, 장소, 선물, 편지, 장식, 음식
❹ ○학년이 되면 어떻게 생활할지 계획 세우기
❺ 겨울 방학 계획: 여행, 놀기, 공부, 독서, 운동, 학원
❻ 이번 주말 계획: 약속, 게임, 놀이, 독서

⑦ 코로나 이후 계획: 끝나면 꼭 하고 싶은 일

⑧ 올해 내 생일 파티 계획: 선물, 초대하고 싶은 친구

⑨ 일주일 동안 스크린 타임 계획: 게임, 유튜브, 텔레비전

⑩ 통장에 모은 돈 사용 계획: 하고 싶은 것

주제 8. 소개

소개하는 주제의 일기는 교과서 속 설명문 쓰기의 과정과 연결해 볼 수 있어요. 아이가 자신 있게 소개할 수 있는 것이라면 소재의 제한을 두지 마세요. 뭐든 좋습니다. 특별하지 않아도 괜찮아요. 일상의 평범해 보이는 것을 하나 골라 구체적으로 소개하고 설명하며 그와 관련된 나의 경험과 생각이 포함된다면 그 자체로 멋진 글이 된답니다.

어떻게 써야 할지 시작이 어렵다면 친한 친구에게 추천하는 글이라 생각하면 됩니다. 소개하려는 대상의 특징과 장점을 살린 글을 쓸 수 있을 거예요.

❶ 우리 동네 최고의 맛집 소개: 메뉴, 가 봤던 경험, 추억, 특징

❷ 우리 엄마: 나이, 외모, 성격, 장점, 단점, 특징

❸ 내가 제일 좋아하는 책: 제목, 내용, 분량, 글자 수, 추천 이유

❹ 내가 다니는 학원: 다니는 이유, 과목, 위치, 선생님, 수업 방식

❺ 우리 집: 위치, 분위기, 가구, 내 방

❻ 내가 좋아하는 연예인: 이름, 나이, 분야, 작품, 좋아하는 이유

❼ 요즘 재미있게 본 영화: 제목, 주인공, 내용, 별점, 추천 이유

❽ 내 친구: 이름, 친한 이유, 성격, 외모, 관심사

❾ 우리나라를 외국 친구에게 소개하기: 이름, 위치, 인구, 특징

❿ 문화재 소개하기: 역사적 배경, 알게 된 계기, 방문 경험

주제 9. 편지

스승의 날, 어버이날처럼 실제로 편지를 보내야 하는 일이 있다면 연습 삼아 일기장에 먼저 써 보고 편지지에 옮기게 하면 일기도 해결되고 편지의 완성도도 높아집니다.

하지만 일기장에 쓰는 편지글은 대부분 실제로 보내게 될 확률이 낮으며 보내기 위한 목적이 아니기 때문에 실존 인물을 대상으로 할 필요도 없답니다. 상상 속의 인물이나 동물에게 쓰는 것도 재미있어요. 불만이 있었던 대상에게 불평하는 내용도 좋고, 동물이나 책 속 인물에게 쓰는 것도 가능합니다.

❶ 엄마께: 아빠께, 언니에게 등 가족 모두 가능

② 산타 할아버지께: 갖고 싶은 선물, 궁금증

③ 대한민국 대통령님께: 바라는 점, 감사의 표현

④ 일기 숙제를 처음 만든 분께: 불만, 감사, 궁금증

⑤ 내 미래의 남편(아내)에게: 미래 모습 상상하기

⑥ 요술 램프 지니에게: 소원 적어 보기, 궁금증

⑦ 앞이 보이지 않는 분께: 위로, 공감, 제안, 격려

⑧ 매일 우유를 짜는 젖소에게: 감사, 위로, 궁금증

⑨ 우리 집 강아지 ○○에게: 바람, 당부, 감사, 축복, 애정 표현

⑩ BTS(좋아하는 연예인) ○○에게: 축하, 감사, 궁금증

주제 10. 학교

학교에 관한 주제는 방학, 주말보다 학기중에 학교 다녀와서 쓰는 일기의 주제로 가장 만만합니다. 학교에서는 매일 다양한 일이 많이 생기기 때문에 꼭 아이가 직접 겪은 일이 아닌 구경한 일도 좋은 소재가 되며 평소 학교에 대한 불만, 궁금증도 훌륭한 일기의 소재가 될 수 있답니다.

학교생활에 잘 적응하여 날마다 학교 일을 털어놓는 아이라면 학교에 관한 일기를 즐거워하겠지만 어딘가 불편한 구석이 있어 학교 가기를 반기지 않는 아이에게는 이 주제를 억지로 강요하지

않았으면 합니다. 학교가 편안해지고 나면 또 언제든 자연스럽게 시도해 볼 만한 주제이기 때문이에요.

1. 오늘 급식 메뉴: 맛있었던 반찬, 최악의 반찬, 급식실 분위기
2. 친구 중 한 명을 골라 그 친구와 있었던 일 쓰기
3. 우리 반 담임 선생님: 특징, 감사, 바라는 점
4. 학교에서 배우는 과목 각각에 관한 생각, 공부에 관한 생각
5. 온라인 수업: 진행 방식, 소감, 장점, 단점
6. 선생님께 들어본 최고의 칭찬: 상황, 기분
7. 작년 우리 반과 올해 우리 반 비교하기: 수업 분위기, 친구들
8. 내년에 꼭 같은 반 되고 싶은 친구 세 명: 이유, 바람
9. 체육 시간에 꼭 하고 싶은 종목: 이유, 방법
10. 자리 정하는 방법: 이제까지의 방식, 건의하고 싶은 방식

이제 '오늘 뭐 써?'라고 묻는 아이에 관한 고민이 좀 해결되셨나요? 앞에 소개한 100가지의 일기 주제는 따로 파일로 정리하여 네이버 카페 "슬기로운초등생활"에 공유하고 있습니다. 인쇄하여 아이 책상, 일기장 뒷면 등에 붙여 주세요. 언제든 쓸거리가 생각나지 않을 땐 이중 하나를 골라 시작하게 하세요.

4

일기를 지속하게 하는
따뜻한 엄마표 피드백

초등 글쓰기의 핵심은 '피드백'입니다. 이유가 있습니다.

아이는 글쓰기라는 것을 초등에서 처음 경험하기 때문에 어떻게 쓰는 것이 잘 쓰는 것인지, 어떤 글은 별로인지, 내가 지금 잘 쓰고 있는 건지 어떤지를 스스로 알기 어려워요.

쓰라고 해서 쓰긴 썼는데, 나름 힘들었고 쓰기 싫었지만 꾹 참고 썼는데 부정적인 피드백과 평가가 계속된다면 쓸 기분도 의욕도 없어져 버립니다. 유년 시절의 모든 경험이 비슷하겠지만 글쓰기 역시 '글쓰기에 관한 어떤 경험이 있는가'가 글쓰기에 호감을 느끼고 지속하게 하는 힘이 됩니다. 앞서 말씀드린 것처럼 교실 속 글 잘 쓰는 아이들의 공통점은 '글쓰기 덕분에 칭찬받아 본 경험이 있다는 사실'임을 늘 기억해야 합니다.

저도 그랬습니다. 5학년 때까지는 글씨도 엉망, 글쓰기도 시들, 일기는 밀렸다가 개학 전날 대충 써 가는 전형적인 글쓰기 싫어하는 초등학생이었습니다. 그러던 어느 날, 6학년 때 담임 선생님께서 해 주셨던 칭찬 덕분에 완전히 글쓰기에 꽂혀 버렸지요. 이후 일기를 세 쪽씩 쓰면서 밤늦도록 공책을 붙들고 글쓰기에 매진했는데, 쓰고 싶어 쓴 일기이니 글씨도 예술이었습니다. 글을 참 잘쓰고 글씨가 예쁘다는 칭찬에 6학년짜리 고래가 춤을 추었답니다.

지금 내 옆에 있는 엉망진창의 글을 꾸역꾸역 쓰고 있는 저 고래도 춤을 출 수 있답니다. 글쓰기의 매력에 한 번 빠지면 말려도 안 될 만큼 글이 좋아집니다. 그러다 이렇게 글로 먹고사는 사람이 되기까지 했어요. 사람 일, 정말 모르는 겁니다.

아이가 써 온 공책을 받아든 부모님이 해 줄 수 있는 피드백의 방법과 태도를 알려 드릴게요. 아이처럼 부모도 단숨에 모든 것을 바람직한 방향으로 바꾸면서 손바닥 뒤집듯 좋아지기는 어렵습니다. 부모인 내 태도와 행동도 아이처럼 차츰 성장하는 것을 목표로 해야 합니다. 닿고 싶은 목표가 어떤 모습인지를 알고 하는 것과 모른 채로 생각 없이 아이의 글을 점검하는 건 분명 차이가 있을 수밖에 없습니다. 그 격차는 점점 더 벌어지게 될 거고요. 부모라는 역할이 처음이기에 부모가 공부해야 하는 이유입니다.

아이의 지금 모습으로 판단하고 실망하고 조급해할 필요가 없습니다. 아이가 자라서 어떤 모습의 성인으로 살아가게 될지, 감히 상상할 수 없습니다. 그때를 위해 씨앗을 심었고 날마다 빠짐없이 물을 주는 중이라는 걸 기억해 주세요.

그런 만큼 글쓰기를 시작하는 초등 시기, 부모의 피드백은 절대적으로 중요하며 아이의 인생을 좌우하기도 할 만큼 강력한 것이라는 사실도 기억해 주세요. 엄마인, 아빠인, 할머니인 나의 피드백 덕분에 글을 잘 쓰고 쉽게 써 내는 어른으로 성장할 수 있다는 사실도 말입니다.

썼다는 사실에 대한 대견스러움 표현하기

무언가를 써서 들고 온 아이를 향한 첫 감정은 '대견스러움'이었으면 좋겠습니다. 아이가 처음으로 통잠을 자고, 숟가락으로 밥을 떠먹고, 걷거나 달리던 순간의 벅차고 대견한 감정이 글쓰기 과정에도 고스란히 담겼으면 합니다. '대견할 정도는 아니지 않나.'라고 아무렇지 않게 생각할 수도 있겠지만 진짜 대견한 거 맞습니다.

생각해 보세요. 태어나 아무 말도 못 알아듣고 울기만 하던 아이가 말귀를 알아듣더니, 옹알이를 거쳐 뜻 있는 말을 뱉고, 한글을 읽더니 결국 글을 쓰는 곳까지 온 거예요. 다들 하니까 당연해 보이겠지만 하나도 당연한 게 아니에요. 세상에 당연한 건 아무것도 없습니다. 특히나 아이를 기르고 공부시키는 과정에서는 '당연한 게 없다.'라는 당연한 사실을 늘 상기해야 합니다. 그것이 아이를 잘 키우기 위한 기본 마음가짐이에요. 그래야 상처 주지 않고 내 자식을 후회 없이 키울 수 있어요.

아이가 한 줄이라도 써 오면 시킨 대로 잘 쓴 것에 대한 대견스러운 감정을 반드시 표현해 주세요. 글쓰기라는 행위는 성취감을 스스로 느낄 수 있게 하여 성장을 일으키지만 아이 스스로 성취감을 느낄 정도로 뿌듯한 상황에서는 외부, 특히 주변 어른의 피드백이 대단히 큰 영향을 미칩니다.

공책에 뭐라도 쓰고 난 아이들은 '내가 보기에 엄청나게 잘 쓴 것 같은데, 엄마도 그렇게 생각하겠지?'라고 예상하고 기대하며 공책을 들고 옵니다. 아이가 기대하는 부모의 반응과 아이를 실망하게 만드는 부모의 반응, 그 온도 차이가 너무나 클 수도 있답니다.

	아이가 기대한 반응	아이가 실제 듣는 반응
분량	이만큼이나 썼어? ○학년이 어떻게 이렇게 많이 쓸 수 있니? 대단해!	길게 좀 쓰라니까. 옆집 누구는 공책 한 쪽을 꽉 채워서 쓴다던데 내일은 좀 더 써. 여기까지 써.
글씨	글씨가 점점 좋아지네. 더 잘 쓸 수 있을 것 같아.	글씨가 이게 뭐냐. 알아볼 수가 없잖아.
내용	어머, 이 문장 정말 좋다. 이런 문장도 쓸 줄 아네. 글이 꼭 소설책처럼 재밌다.	괜찮네. 그나마 어제보다는 잘 썼네.
습관	이제 이렇게 쓸 정도면 엄마가 따로 말하지 않아도 매일 알아서 잘 쓸 것 같은데. 그렇게 해 볼까?	어차피 이렇게 쓸 거면 알아서 좀 쓰면 얼마나 좋아. 꼭 쓰라고 해야 쓰냐.

온도 차, 느껴지시나요? 아이의 글을 읽고 난 부모는 지적의 말을 꿀꺽 삼켜야 합니다. 지금은 먼지가 그대로 남아 있는 창틀을 지적하며 이사 청소 업체에 보완을 요청하는 시간이 아니에요. 지금 손에 든 아이의 글이 탐탁지 않다는 걸 왜 모르겠어요. 우리도 눈이 있는데 말이에요. 글씨도, 분량도, 맞춤법도, 내용도, 자세까지 지적할 게 한두 개가 아니지만, 지금은 아니에요. 손 아프게 열

심히 써서 들고 온 아이를 풀 죽게 만들지 마세요. 아이가 뭘 그렇게 잘못했나요. 아직 그 능력이 조금 부족한 것뿐인데 말이에요. 잘 썼다고, 수고했다고, 더 잘 쓸 수 있을 거라고 말해 주세요. 부족함이 많다는 건 아이가 더 잘 알고 있을 거예요.

오늘 최고의 한 문장

아무리 대단한 문장가도 책 한 권을 온전히 최고의 문장으로만 채우지 못해요. 괜찮은 문장, 그러니까 다음 문장으로 가질 못하고 한동안 멈춰서 생각하게 만드는 문장이 얼마나 자주 나오며, 괜찮은 문장의 깊이와 재미가 어느 정도냐에 따라 작가의 필력과 그 책의 가치가 평가되지요. 우리는 좋아하는 작가의 책을 읽을 때 마음을 울리는 괜찮은 문장을 찾아 밑줄을 긋습니다. 그것처럼 아이의 초라해 보이는 일기도 가만히 들여다보며 그중 괜찮은 문장을 열심히 찾아보세요.

아이가 공책을 들고 옵니다. 굳이 속도를 내지 않아도 몇 초면 다 읽을 수 있어요. 멈추어 서서 생각하게 만드는 괜찮은 문장은 거의 없어요. 그래도 찾아내야 해요. 그중 새로운 표현, 어휘를 사용했거나 가장 참신하거나 가장 길거나 가장 웃기게 쓴 문장이라도 찾아보세요. (모래밭에서 귀걸이 찾는 느낌이 들 만큼 힘들 때도 있습니다.)

　오늘 쓴 글 중 최고의 한 문장을 뽑아서 예쁜 형광펜으로 정성 들여 그어 주세요. 그 문장을 굳이 소리 내어 읽으며 어쩜 이런 문장을 쓸 줄 아느냐고 놀라며 대견해 하세요. 최고의 피드백이 될 거예요. 그런 어리둥절한 반응을 몇 번 겪어 본 아이는 어제의 행복했던 엄마, 아빠의 반응을 떠올리며 오늘도 공책을 펴고는 그보다 더 멋진 문장을 만들기 위해 생각하고 고민하면서 깊어져 갈 거예요. 그게 초등 글쓰기랍니다.

　아이의 서툰 글을 인내심을 갖고 읽으며 괜찮은 문장을 끝내 하나라도 찾아내어 칭찬해 줄 수 있는 사람, 부모 말고 더 있을까요? 학교에서의 공식적인 일기 검사가 허용되지 않는 지금은 더욱 부모의 역할이 중요해요. 물론 아이들은 매일 수업 시간마다 많은 글을 쓰고 있지만 한 문장씩 들여다보며 찾아내어 칭찬하기에는 지금 대한민국의 초등 학급 당 인원수가 너무 많아요. 교과서 속에 가르치고 배워야 할 학습 내용도 너무 많습니다. 생각할수록 아쉽고 안타깝습니다.

칭찬 메모 남기기

어렸을 때 일기장에 남겨 주신 선생님의 한 줄 메모를 확인할 때의 콩닥거림, 기억하세요? 저도 그랬습니다. 그 기억과 설렘이 좋아 초등 담임으로 근무하던 시절, 다른 건 부족할 때도 많았지만 일기장 한 줄 메모만큼은 열심히 적어 줬어요. 검사가 끝난 일기장을 받아 들고 누가 볼까 봐 혼자 구석에 가서 살짝 펴 보는 아이들의 설레는 표정을 지켜 보며 엄마 미소가 지어졌습니다.

안타깝게도 최근에는 일기 검사가 학생의 인권을 침해한다고 하여 점점 사라져 가고 있는 분위기예요. 특히나 내용을 하나하나 읽고 피드백을 남기는 건 옛이야기가 되어 가고 있지요.

그 역할을 부모님이 해 주시면 좋겠어요. 일기 쓰는 습관이 자리 잡히는 저학년 동안만큼이라도 말이에요. 거창하지 않게, 너무 힘들지 않게 말이에요. 매일은 어려우니 매주 수요일, 혹은 주말에 한 번도 괜찮아요.

구구절절 정성스러운 편지를 쓰는 게 어렵다면 '꾸준히 열심히 쓰는 모습 멋져.' 정도의 짧은 칭찬도 훌륭합니다. 글을 읽으면서는 그간 짐작만 했던 아이의 마음과 생각을 조금 더 자세히 들여다보게 될 거예요. 아이는 부족한 글을 향한 넘치는 칭찬 덕분에 조금 더 정성스러운 일기를 시도할 겁니다. 아이가 커갈수록 점점 더 말로 하기 쑥스러워 지는 애정 표현도 글로는 가능하니 오늘부터 시작해 보세요. 아이가 부모님께 선뜻 일기를 보여 주고 칭찬을 기다리는 시기는 아무리 길어도 몇 년 남지 않았어요. 중학생 아이에게 일기를 강요할 수도 없고, 썼다 한들 보여 주지도 않을 거예요.

정서적인 사춘기가 시작된 아이라면 부모님이 일기장을 본다는 사실에 부담을 느낄 수 있어요. 그럴 땐 포스트잇 등의 메모지도 센스있는 방법이 될 수 있어요. 아이의 글을 모두 읽어 보고 코멘트를 남긴다는 인상을 주기보다는 성실한 일기 쓰기를 지속하는 아이에 대한 칭찬, 격려, 지지, 응원의 메시지가 되는 것이지요. 흔하게 주고받는 문자 메시지 말고, 옛날 도시락 편지 같은 아날로그 감성으로 아이의 글쓰기가 성장하게 도와주세요.

사춘기가 되어 눈빛이 달라져 버린 아이일수록 예상보다 훨씬 더 칭찬에 민감하게 반응합니다. 꼬박꼬박 말대꾸하고 다 큰 어른처럼 구는 모습이 마냥 사랑스러울 수는 없겠지만, 그럴수록 실은 부모의 칭찬을 기다리는 아이 같은 구석이 여전함을 기억했으면 합니다.

아이의 글, 정리하고 보관하기

그림 일기로 시작된 초등 아이의 글을 모아 보세요. 어린이집에서부터 들고 온 다양한 크기의 작품들을 집안 여기저기에 전시해 두었다가 이사하면서 슬쩍 버린 경험, 엄마라면 한 번쯤 있을 거예요. 나름대로 열심히 보관한다고 해도 초등인 지금, 어느 상자에 어떤 모양으로 박혀 있는지 기억이 가물가물하다 보니 아이가 열심히 쓰는 지금의 글이라도 잘 모아주고 싶은 마음이 듭니다.

글은 미술 작품보다는 훨씬 보관, 정리가 수월하기 때문에 정리에 서툰 엄마도 한번 시도해 볼 만합니다. 또, 아무리 어릴 때 쓴 글, 짧은 글이라고 해도 아이만의 생각이 담겨 있는 기록이기 때문에 아이에게는 소중하고 의미 있는 재산이 될 수 있습니다.

저는 제가 초등학교 때 썼던 일기장이 지금껏 남아 있습니다.

초등 담임을 하던 시절, 일기 쓰기 힘들어하는 아이들을 독려하기 위해 일기장 뭉치를 돌려 보게 했고, 저희 아들들은 지금도 엄마인 저의 초등 시절 일기장을 읽으며 킥킥거립니다. 일기의 절반 이상이 언니와 동생과 싸운 이야기였기 때문에 일기 속에서 머리채를 잡고 싸우던 사람이 지금 내가 아는 이모들이라는 사실에 재미있어 합니다.

아이의 글을 정성스레 모으기 위해 애쓰는 부모의 모습에서 아이는 자신을 향한 애정과 존중을 실감합니다. 눈이 마주칠 때마다 사랑을 표현하고 살지 못하지만 아이가 공들여 쓴 몇 년의 글들이 가지런히 모여 일정한 규칙에 따라 눈에 보이는 그럴듯한 결과물을 만들어 내는 모습을 보면 어느 아이라도 고맙지 않을 수 없습니다. (고맙다는 표현을 안 할 수는 있으니 너무 서운해 마세요.)

아이의 글을 모으는 방법을 소개합니다. 늘 시간에 쫓기고 챙길 게 너무 많은 부모라도 오늘부터 하나씩 실천해 볼 만한 방법입니다.

학년별로 모으기

일기, 독서록, 자유 글쓰기 등 1년 동안 썼던 공책 모두를 묶는 방식입니다. 배움 공책, 알림장, 숙제 공책까지 모아도 좋습니다. 글쓰기만의 기록이라기보다는 1년 생활 전체에 관한 기록의 의미가 강합니다. 아이가 여럿이거나 바쁜 일들로 섬세하게 정리하기 어려운 경우라면 추천합니다. (꼼꼼하지 못한 저는 이 방법을 씁니다.)

매년 종업식을 마치고 나면 1년간의 공책을 모두 모아 두꺼운 스카치테이프로 옆면을 고정합니다. 그것만으로 끝나면 아쉬우니 두툼한 A4 색종이에 한 해를 대표할 만한 멋진 제목을 적으면 좋습니다. 또, 표지에는 연도, 학년, 반, 이름 등을 적고, 아이 본인의 소감, 부모님의 칭찬 한 줄 등이 더해지면 더욱 훌륭하겠죠. 어렵지 않은 이 작업이 아이에게는 평생 소장하며 부모님의 애정을 느낄 수 있게 해 주는 큰 이벤트가 됩니다.

글의 종류별로 모으기

초등 아이가 쓰는 글은 크게 일기, 독서록, 자유 글쓰기의 세 가지가 있습니다. 이번에는 이것들을 종류별로 모으는 방법이에요. 1년, 혹은 2년 치의 일기 모음, 독서록 모음이 되는 겁니다. 이 모음들을 한데 모으면 초등 6년의 일기 모음집이 절로 완성되는 것이니 이 또한 아이에게 큰 의미가 있습니다.

또, 학교 숙제로 혹은 자율적으로 꾸준히 썼던 독서록을 따로 모아 두면 그 자체로 입시를 대비하는 독서 포트폴리오가 될 수 있어 활용도가 높습니다.

컴퓨터로 기록하기

입체적으로 만든 아이의 미술 작품을 버리기는 아깝고, 보관하자니 처치 곤란이어서 사진으로 찍어 두고 그 사진을 보관하는 경우가 있습니다. 글도 같은 방식으로 보관할 수 있습니다.

아이가 손으로 쓴 글을 사진으로 찍거나 스캔하여 파일로 보관하는 방법, 쓴 글을 한글 프로그램에 다시 입력해 그 파일을 보관하는 방법이죠. 두 가지 방법 모두 초기에는 당연히 부모의 도움이 필요하지만, 학년이 올라가고 습관이 자리 잡히면 아이 혼자서도 해 볼 만합니다. 컴퓨터 안에 파일 형태로 보관된 아이의 글은 이후 인터넷 공간에 기록하는 방식으로 연결할 수 있습니다.

컴퓨터로 옮겨 적다 보면 컴퓨터 활용 능력이 자연스럽게 발전하게 되어 한글 타자 연습을 겸할 수도 있지요. 컴퓨터에 저장해 놓은 파일은 사진처럼 삭제되거나 분실되기 쉽기 때문에 출력해 두거나 수시로 백업을 하여 아이의 소중한 작품이 사라지지 않게 해 주세요.

인터넷에 기록하기

종이에 있는 글, 컴퓨터 안에 파일로 저장해 놓은 글의 보관이 어렵고 분실, 삭제될까 걱정된다면 인터넷 공간에 기록하여 소장하는 것도 좋은 방법입니다.

요즘 초등 아이들 컴퓨터 실력이 눈에 띄게 좋아졌습니다. 온라인 수업이 단점만 있는 건 아니었어요. 사이트에 들어가 로그인하고 게시글을 쓰고 사진을 올리는 일이 이전에는 거의 부모의 도움이 필요한 것이었는데, 온라인 과제를 제출하는 것이 일상이다 보니 제법 수월한 일이 되었습니다.

아이의 글을 기록하고 인터넷상에 공유할 수 있는 공간은 블로그, 개인 카페, 지역 카페, 인스타그램, 개인(가족) 홈페이지 등이 있습니다. 공개, 비공개 여부를 설정할 수 있고, 원한다면 이웃, 팔로워, 방문자들과 댓글로 소통할 수 있어 정체기에도 계속 글을 쓰고 공유하는 원동력이 되기도 합니다.

대부분 플랫폼 공간을 개설할 때는 성인 인증을 받기 때문에 개설하고 운영하는 초기에는 부모가 주도적으로 하되, 이후에는 아이 스스로 운영할 수 있는 경험, 횟수를 늘려 주는 것이 좋습니다. 아이가 잘할 수 있게 된 경우에도 주기적으로 방문해 혹시 모를 스팸 광고, 악성 댓글 등으로부터 보호해 주는 노력도 필요합니다.

블로그 독자들이 가입 없이 언제든 자유롭게 읽을 수 있는 것이 장점이다. 하지만 이 점 때문에 악성 댓글을 만날 수도 있다.

플랫폼

카페 공개/비공개로 운영 가능하며 가입한 카페 회원에게만 공개하는 방식이다. 블로그보다 조금 더 폐쇄적인 느낌의 플랫폼이다.

인스타그램 초등 고학년에 인기 있는 SNS이다. 여러 계정을 만들 수 있어 글쓰기 기록 전용 계정을 하나 만들고 아이가 관리하게 하면 유용하다.

음성 파일로 기록하기

아이가 쓴 글을 아이가 직접 낭독하여 기록하는 방법입니다. 그 나이에만 가질 수 있는 아이의 목소리, 발음, 억양을 그대로 담을 수 있어 훗날 무엇과도 바꿀 수 없는 추억이 됩니다.

스마트폰 녹음 애플리케이션 · 곰 녹음기 · 삼성 음성 녹음기 · 기타 음성 녹음기

영상으로 기록하기

아이가 쓴 글을 직접 낭독하게 하고 그 모습을 영상으로 기록하는 방법도 있습니다. 음성 녹음만 하는 것보다 훨씬 더 생생한 기록이 되지요. 요즘 초등 아이들이 열광하는 유튜버가 되는 간단한 방법이기도 합니다. 아빠나 엄마의 계정으로 채널을 연 후, 낭독 영상을 차곡차곡 올려놓으면 되는 거예요. 쓴 글을 사진으로 촬영한 후 사진을 한 편의 영상으로 묶어 올리는 방법도 있습니다.

유튜브에 올리는 모든 영상을 비공개로 설정할 수도 있어 공개를 원하지 않거나 악성 댓글이 걱정되는 경우에는 비공개로 운영하는 것도 방법입니다.

유튜브

술술 쓰게 만드는
자유 글쓰기

자유 글쓰기   철자, 문법, 소재, 분량 등의 제한 없이 상상력과 창의력을
발휘하여 다양한 주제에 관해 자유롭게 쓰는 글.

초등의 진짜 글쓰기는 사실, 일기가 아니라 자유 글쓰기입니다.

무엇이든 쓸 수 있고, 얼마든지 써도 되고, 말이 되지 않아도

상관없고, 마음껏 상상해도 괜찮습니다.

이 즐거운 글쓰기를 경험한 아이들은

쓰는 일도 재미있다고 느끼고 또 써 보겠다고 합니다.

적어도 제가 지금껏 만났던 아이들은 한결같이 그랬습니다.

1

신기하고 기특한
초등 자유 글쓰기

요즘의 초등 글쓰기는 너무 무겁고 딱딱합니다.

뭐가 이렇게 심각한지 초등 입학하면서부터 논술 걱정하고, 이제 막 끄적이며 낙서처럼 글자 놀이를 시작한 아이에게 받아쓰기와 일기, 분량과 논리를 기대합니다. 그러면 망합니다. 시작도 안 했는데 싫어지면 전쟁 시작입니다.

쓰는 일은 힘들기는 하지만 즐거운 면이 있어야 하고, 놀이처럼 흥미로운 구석이 있어야 하고, 스마트폰 게임처럼 내 맘대로 해 볼 자유도 있어야 합니다. 그렇게 시작해야 계속 쓰게 될 가능성이 높아집니다.

일기가 아닌 자유 글쓰기가 초등의 진짜 글쓰기라고 주장하는 이유가 여기에 있습니다. 일기가 의무감을 동반하는 숙제의 느낌이라면 자유 글쓰기는 선뜻 해 보고 싶은 놀이 같은 느낌이라서 그렇습니다. 물론 일기도 놀이처럼 즐겁게 해 냈으면 좋겠고, 실제로 그런 아이들도 없진 않지만, 아쉽게도 남의 집 이야기입니다.

담임하던 시절, 일기 한 쪽 쓰는 일이 너무 싫고 힘들어하는 우리 반 아이들을 위해 주말이면 일기 대신 자유 글쓰기 주제를 내 주었습니다. 주제를 받아 적을 때부터 실실 웃기 시작하며 기대감을 보입니다. 결과물도 물론 그럴듯했고요. 쓰기라면 질색하던 아이들도 주말의 자유 글쓰기는 곧잘 이어갔고, 덕분에 뭐라도 쓰게 만드는 데에 성공한 아이들이 제법 많았습니다.

초등 국어교육 과정을 제 마음대로 구상해 볼 수 있다면 초등 6년 동안의 자유 글쓰기 과정을 포함하고 싶습니다. 쓰기를 겁내던 아이가 두려움 없이 쓸 수 있게 끌어 주고 싶고, 쓰기가 지루하다던 아이도 재밌다고 느끼게 해 주고 싶고, 이후에 어떤 다른 형식의 글쓰기를 만나도 겁 없이 덤비게 해 주기 위해서입니다.

자유 글쓰기를 경험해 본 아이들은 글쓰기가 재미있다는 것을 압니다. 생각보다 그다지 어려운 일이 아니라는 것도 알게 됩니다. 그래서 한 번 해 본 아이들은 또 하려고 합니다.

자유 글쓰기는 초등 최고의 글쓰기입니다.

자유 글쓰기에는 제한이 없습니다.

있었던 일 말고, 배운 내용 말고, 부모님이 정해 준 주제도 아니고, 선생님이 내주신 숙제도 아닌 진정으로 자유롭게 쓰는 글입니다. 주제, 형식, 철자, 문법, 분량 모두 자유입니다. 심지어 맞춤법, 띄어쓰기도 신경 쓰지 않습니다. 낙서하듯 말하듯 장난치듯 마구 쓰는 거죠. 그래서 재미있어하고, 일기, 독서록, 논술에 지친 아이도 이것만큼은 해 볼 수 있겠다며 시작해 보려고 합니다.

일기를 통해 초등 글쓰기를 처음 경험하는 것이 보통이라면, 자유 글쓰기라는 새로운 방식을 통해서는 글쓰기를 좋아하게 만들어 주세요. 취미가 글쓰기이고, 특기도 글쓰기이고, 놀이도 글쓰기인 아이가 되게 해 주세요. 자유 글쓰기를 통해 쓰는 일이 게임만큼이나 즐겁고 만만한 일이 되었으면 합니다.

어, 이거 재미있네

아이들이 글쓰기를 싫어하는 이유는 재미가 없어서예요. 과정도 재미없지만, 더 큰 문제는 열심히 쓴 결과물이 재미가 없다는 거예요. 힘들여 쓰긴 썼는데, 자기가 쓴 글을 다시 읽어 보면 재미가 없고, 친구가 쓴 글도 마찬가지죠. 읽고 싶은 마음이 들지 않아요.

초등 아이들의 특징을 기억하면 공부시키는 일이 할 만합니다.

이 시기의 아이들은 재미있으면 안 시켜도 신나서 하고, 재미없으면 아무리 시켜도 안 합니다. 글쓰기는 재미와 상관없이 애써 노력해야 하는 영역이긴 하지만, 그렇다고 당연하다는 듯 재미없어야 하는 것도 아니에요. 어차피 해야 한다면 재미까지 잡았으면 해요. 안 시켜도 할 만큼 재미있는 공부로 느끼게 하는 것, 가능합니다.

자유 글쓰기를 통해 한 번이라도 글쓰기에서 재미와 보람을 느껴 본 아이들은 안 시켜도 씁니다. 쓰면서 피식거리고, 자기가 쓴 글을 다시 읽으면서 재미있다고 웃습니다. 시킨 적 없는데 쓴 글을 가져와 엄마, 아빠 앞에서 소리 내어 읽더니 혼자 또 터집니다. 얘가 왜 이러나 싶은데, 그 모습이 몹시 사랑스러울 거예요.

글쓰기의 재미와 만난 아이들의 모습입니다. 아직 우리 아이에게서 한 번도 이런 모습을 본 적이 없다면 이제 곧 만나게 되기를 바랄게요. 자유 글쓰기가 그 시작이 되어 줄 거라 믿습니다.

진정한 자유를 허락하자

자유 글쓰기에는 진정한 자유가 필요해요.

조건 없는 자유.

부모는 아이에게 무언가를 자유롭게 해 보라고 해 놓고 슬금슬금 하나씩 조건 갖다 붙이는 데에 전문가입니다. 쓰고 싶은 만큼만 쓰라고 해 놓고 기껏 써 오면 두 줄만 더 쓰라고 하고, 맞춤법 틀려도 된다고 해 놓고 틀린 곳만 찾아다니며 벌겋게 표시를 해서 마음 상하게 하고, 글씨 못 써도 괜찮다고 해서 낄낄대며 재미있게 썼더니 내용은 안 보고 글씨가 이게 뭐냐고 합니다.

이런 건 진정한 자유가 아니에요. 말 바꾸지 맙시다. 자유 글쓰기 글은 맞춤법, 문법 등에 관해 어떤 지적도 하지 않기로 다짐하세요. 무엇에 관한 어떤 얘기를 얼마나 썼든 잔소리하지 않기로 굳게 다짐해야 합니다.

그저 칭찬만 하기로 다짐하면서 눈을 동그랗게 뜨고는 우리 집 꼬마 작가의 글을 기다리세요. 사랑하는 작가의 글을 가장 먼저 읽는 독자라는 사실에 마냥 행복한 사람이 되어 보세요. 아이를 키우는 일은 한없이 불안하고 막막한 일이기도 하지만 바라보는 관점에 따라서는 이만큼 보람되고 소꿉놀이처럼 아기자기한 일이 없습니다.

지금까지 아이가 경험했던 글쓰기에는 제한이 너무 많았어요. 주제, 분량, 맞춤법, 띄어쓰기, 글씨체 등이 학년 올라갈 때마다 서서히 아이를 눌러 왔었습니다. 정해진 분량, 정해진 주제, 정해진 시간, 주의할 점을 떠올리고 의식하면서 이에 어긋나지 않기 위한 노력에 많은 에너지를 쏟았었습니다. 덕분에 우리 아이들의 글은 크게 거슬리지 않을 정도의 글의 형식을 갖추고 있습니다만, 그 때문에 글쓰기가 세상에서 가장 싫고 정말 싫고 너무나 싫고 점점 더 싫어지고 있답니다.

이런 식의 글쓰기는 뻔합니다. 무서운 선생님 만난 해에는 열심히 쓰고, 엄마가 매일 검사하면 눈치 봐 가며 꼬박꼬박 쓰지만 딱 거기까지죠. 검사하면 쓰고 안 하면 안 씁니다. 글을 쓰면서 생각을 정리하고, 즐거움을 느끼고, 성취감을 얻는 자발적인 글쓰기로 발전할 수 없어요.

부모의 말 한마디, 표정 하나에 들썩이는 아이를 행복하게 해 주는 일은 생각보다 훨씬 간단합니다. 조건 없는 자유, 지적 없는 반응, 순수한 칭찬을 시작한다면 말이죠.

기대하며 기다리는 독자가 되세요

뭐든 원하는 대로 열심히 꾸준히 쓰는 사람을 '작가'라고 합니다. 그래서 이제 우리는 글 쓰는 아이를 '작가'라고 부를 겁니다. 오늘 바로 해 보면 알겠지만 정말 신기하게도 초등 아이 중에 '작가님'이라고 불렀을 때 싫어하는 아이는 없습니다.

우리 반 아이들에게도, 저희 아들들에게도 그렇게 불러봤는데, 다들 좋아서 입이 히죽 벌어집니다. 글쓰기를 좋아하든 싫어하든 잘하든 못하든 관심이 많든 관심이 없든 간에 아이가 써 온 글을 보면서 '와, 우리 작가님 정말 잘 쓰시네요.'라고 해 보세요. 그 정도로 잘 쓴 건 아니라고 생각했던 아이라도, '작가님'이라는 단어가 주는 칭찬의 의미를 바로 알아채고 강아지처럼 좋아합니다. 이 맛에 아이 키웁니다.

자유가 주어졌지만 막상 무엇부터 써야 할지 막막해하는 아이를 위해 다음 장에 자유 글쓰기를 시작하도록 돕는 마법의 질문을 준비했습니다. '톡' 하고 건드려 주면 '팡' 터질 준비가 된 아이들을 위한 선물입니다.

2

작가로 만들어 주는
마법의 첫 문장

저는 H.O.T. 오빠들을 정말 좋아했어요. 그중에서도 우혁이 오빠요. 오빠가 나오는 가요 프로그램을 비디오테이프에 녹화해 두었다가 고등학교 시절, 저녁 도시락을 먹으면서 교실 텔레비전으로 틀어놓고 고마움의 눈물을 흘렸죠. 존재만으로도 너무 고마웠어요. 그러느라 젝스키스의 팬이었던 친구들의 싸늘한 시선도 느껴 봤고, 벙어리 장갑과 귀마개를 사 주지 않는 부모님을 원망한적도 있답니다. 이만한 추억 없는 분, 없으시죠? 고등학교 때 어떤가수, 어떤 배우를 좋아하셨어요?

위의 글을 읽으며 그 시절 내가 좋아했던 오빠들이 떠올랐을 거예요. 그렇게 좋아하느라 어떤 짓까지 해 봤는지, 그런 쓸데없는 짓을 하던 철없는 시절의 나는 어떤 마음이었는지, 당시 우리 반 친구들은 누구를 그렇게 좋아하느라 울고 웃었는지 하나둘씩 몽글몽글 떠오를 거예요.

실제 대화든 책 속의 이야기든 누군가의 이야기를 듣다 보면 애쓰지 않아도 그와 관련된 나의 것들이 하나둘 떠오르기 시작해요. 자연스러운 일이에요. 자유 글쓰기는 바로 그곳에서 출발하는 거예요. '엉뚱하고 말이 안 되는 이야기이긴 하지만 이야기를 듣고 보니 나도 할 말이 없지 않다.'라는 자신감이 올라온다면 성공입니다.

아직 편안하고 단단한 글쓰기 습관이 자리 잡히기 전의 아이에게는 할 말이 떠오르게 만드는 간단하고 흥미로운 짧은 이야기의 첫 문장이 필요해요. 이야기를 읽으면서 피식 웃음이 나거나 몽글몽글 호기심이 커지거나 나도 이런 이야기를 써 보고 싶은 마음이 든다면 일단 성공입니다. 쓰고 싶어지면 성공이니 글솜씨가 뛰어난지는 관심 두지 마세요. 초등 자유 글쓰기는 이렇듯 거들어 주기만 하면 됩니다.

저는 헬스장에 가면 빠짐없이 등 운동을 합니다. (화난 등 근육을 갖겠다는 굳은 목표가 있습니다.) 운동 기구를 잡아당기면서 온몸에 힘을 주고 있으면 옆을 지나던 코치님이 두 번째 손가락으로 제 등 한가운데를 꾹 누르고 휙 지나가 버립니다. 힘을 줄 때 손가락으로 짚어 준 그 지점에 집중해 보라는 의미예요. 열심히는 하지만 막상 어디에 제대로 힘을 줘야 할지 모른 채 식식대던 저는 짚어준 그곳에 새삼스레 힘을 주게 됩니다. 몰랐던 것도 아니고, 어제도 같은 일을 당했으면서 생전 처음 운동하는 사람처럼 매일 같은 상황을 반복합니다. (그래서 괜히 목에다 잔뜩 힘주는 바람에 승모근만 더욱 두툼해지고 있습니다만.)

글쓰기를 시작하는 아이도 그래요.

열심히 쓸 마음이 있고, 하려는 자세도 있을 거예요. 그래서 잘해 보려고 움찔하며 노력하는 순간, 아이를 기분 좋게 자극해 줄 지점을 콕 짚어 주어 집중하게 만드는 존재가 필요해요. 그게 바로 지금부터 소개해 드릴 엉뚱한 이야기들이랍니다.

자유 글쓰기는 이런 거예요. 앞으로 자유 글쓰기 페이지를 펼쳐서 아이의 오늘 글쓰기를 이것으로 해 보게 하세요. 그리고 아이의 표정을 관찰하고, 쓰고 난 느낌을 물어 보세요.

자유 글쓰기 예시 1 🖊

나는 대한민국에서 가장 유명한 사람이다. 나를 모르는 사람이 없다. 어딜 가나 사람들은 나를 보면 반갑게 인사하고, 같이 사진을 찍자고 한다. 내가 이렇게까지 유명한 사람이 된 것에는 이유가 있다. 지금부터 그 이유를 설명하고 싶다. 사실 나의 직업은 ＿＿＿＿＿＿＿＿＿＿이다.

자유 글쓰기 예시 2 ✏️

내가 가장 좋아하는 영화의 제목은_____

이다. 오늘은 내가 이 영화를 완전히 다 바꾸어 버릴 예정이다.

제목, 주인공 이름, 배경, 사건, 결말까지 나만의 아이디어로 훨

씬 더 재미있고 새로운 영화로 만들 것이다. 자, 시작해 볼까?

3

자유 글쓰기,
매일의 루틴으로 만드는 법

글쓰기가 매일의 루틴이 될 수 있을까요? 바란 적은 있지만 어렵고 불가능한 일로 느껴질 거예요. 그런데 가능합니다.

낙서를 생각해 보세요. 아이가 어렸을 때 벽면에 흰 종이를 붙여 놓고 마음껏 그리고 색칠하게 두면서 예술혼을 불태우던 시절, 기억하시죠? 스케치북, 식탁, 벽, 책, 책상, 냉장고까지 보이는 곳은 어디든 아이의 낙서였어요. 그 시기에 어느 정도로 낙서를 허용했느냐가 훗날 아이의 예술적 성향, 창의력, 두뇌 계발에 영향을 미치는지에 관한 결과는 아는 바가 없지만, 확실한 건 낙서를 하는 순간 아이는 분명히 '즐거워' 했습니다.

좀처럼 알아볼 수 없는 선을 긋고, 어떤 규칙도 찾을 수 없는 동그라미를 늘어놓고, 한글도 아니고 숫자도 아닌 처음 보는 글자를 써 놓고, 토끼인 듯 돼지 같은 동물도 그립니다. 얼마나 재미있어하는지 그만두라고 해도 말을 듣지 않았을 거예요. 자유와 호기심으로 충만한 아이는 순수하게 우러난 열정으로 열심을 다했을 겁니다.

이게 아이들의 특징이에요.

초등 아이들도 크게 다르지 않아요. 다른 게 있다면 그 시절의 자유로운 낙서가 글쓰기의 형태로 표현될 예정이라는 것뿐이에요. 글쓰기에 관해서는 조금 더 허용적이고 자유롭고 엉뚱함이 충만한 분위기가 필요해요. 대학 입시를 위한 논술 준비가 아니기 때문이에요. 지금의 글쓰기는 잘 썼는지에 관한 평가가 필요한 게 아니라 즐겁게 썼는지 열심히 썼는지 생각나는 대로 내키는 대로 글에 담아냈는지가 더 중요한 덕목이어야 합니다.

시작은 아무 말 대잔치

뭐든 쓸 수 있고, 언제든 쓸 수 있고, 어떻게든 쓸 수 있는 자유 글쓰기. 성공을 보장하는 확실한 준비 운동 단계가 있으니 그것은 바로 '아무 말 대잔치'입니다. 으응? 아무 글도 아니고, 논리적인 말하기도 아니고 아무 말 대잔치라니. 그게 준비 운동이라고? 언뜻 이해되지 않기 때문에 비법이라는 겁니다.

이 중요한 걸 모른 채 지금껏 꽤 오랜 시간 동안 글 좀 잘 쓰라고 더 길게 쓰라고 더 자세히 쓰라고 정성스러운 잔소리를 했을 거예요. 맛집에는 특별하고 공개되지 않은 양념 레시피가 있습니다. 평범한 메뉴, 똑같은 재료로 특별한 맛을 내는 건 특제 소스 덕분인데, 글쓰기에도 그런 비법이 있습니다.

저는 이 특제 소스를 교실에서 발견했어요. 아이들이 알려줬습니다. 초등 교실에는 뭐든 말로 표현하기 좋아하고, 수시로 창의력이 번뜩이고, 장난기 흘러넘치는, 다시 말해 종일 신나게 아무 말로 잔치를 벌이는, 툭하면 행복해지는 유형의 아이들이 있습니다. (혼자서만 신난다는 아쉬움이 있긴 합니다만.) 이 아이들은 쉴 새 없이 말을 합니다. 친구들이 웃어줄 때까지 하고, 안 웃어도 굴하지 않고 새로운 유머를 찾아 성실한 사냥을 떠납니다. 당연한 결과겠지만, 이 친구들은 자주 혼납니다. 산만하니까 수업 집중력이 부족하고, 머릿속에 떠오른 말은 수업 중에라도 내뱉어야 직성이 풀리고, 친구가 발표하면 어떻게 해서든 더 웃겨 보려고 애씁니다. 모범생 소리 듣기는 이미 글렀습니다.

저는 늘 이 아이들의 글이 궁금했어요. 더 솔직히 말하면 톡톡 튀는 언행, 자유로운 발상, 주변을 의식하지 않는 천진함으로 가득한 마음이 궁금했지요. 그래서 일기장 검사를 하지 못하게 된 이후로는 '자유 글쓰기'라는 우리 반만의 특색을 만들어 매일의 글쓰기를 이어갔고 덕분에 아이들의 글을 읽을 수 있었어요. (더 정확히는 아이들의 생각을 짐작할 수 있었어요.) 역시나 이 아이들의 톡톡 튀는 언행은 글에서도 색감을 잃지 않았고, 착실하고 똘똘한 모범생의 단정하고 똑 떨어지는 글에서는 찾아보기 어려운 재미와 매력이 글 곳곳에서 분명하고 다채롭게 춤추고 있었어요.

내용에 관한 지적은 금물

아이가 본격적으로 자유롭게 글을 쓰다 보면 때로 위험하거나 폭력적이거나 잔인하거나 지나치게 엉뚱하거나 예의 없어 보이는 등 어른 눈에는 불안하게 느껴지는 내용이 포함될 수 있어요. '어린 줄만 알았던 우리 아이가 이렇게나 다양한 생각을 하고 있었구나.' 하며 놀라고 걱정될 거예요.

정말 다행입니다. 글이라는 수단을 통해 몰랐던 아이의 머릿속과 마음을 조금이나마 들여다볼 기회를 얻었고, 아이는 어디에도 솔직히 말하기 힘들었던 마음과 상상력을 글로 마음껏 표현해 볼 기회를 얻게 되었으니 말이에요.

상식적으로 도덕적으로 어긋나 보이거나 부모의 예상을 뛰어넘는 과격한 표현, 발상이 보여도 즉각적인 지적은 참아야 해요. 언젠가는 조금 더 나은 방향으로 이끌어 주고, 안 되는 것에 대해 단호하게 이야기할 필요가 있겠지만 아이가 의기양양하게 노트를 내민 지금은 아닙니다. 아직은 아니에요.

상상의 나래를 있는 대로 펼쳐 놓고 으쓱해 있는 아이의 글을 보고 재미있는 부분, 기발한 부분, 놀라운 부분을 찾아 그때 느낀 엄마의 감정을 풍부하게 표현해 주세요. 옆집 엄마가 커피 한 잔만 사 줘도 고맙다고 온갖 마음을 다 표현하면서, 정작 아이가 열심히 써 온 글에는 반응이 시들시들하지요. 아이도 옆집 엄마의 커피 한 잔에도 격하게 반응하는 그런 반응을 기다려요. 해 주세요, 아이한테도. 칭찬, 감동, 격한 반응 좀 해 주세요. 현관문 닫고 들어오면 갑자기 무뚝뚝한 엄마로 돌변하지 마세요. 우리가 정성을 쏟고 반응을 보여야 할 대상은 옆집 엄마가 아니라 내 표정만 살피고 있는 우리 집의 귀염둥이 강아지라는 걸 수시로 기억하세요.

최소 분량 정하기

글쓰기의 분량은 언제나 부모와 아이 사이에 팽팽한 줄다리기 종목이에요. 학교 선생님이 열다섯 줄 쓰라는 건 뚝딱 쓰면서 엄마가 열 줄 쓰라고 하면 입이 나오는 게 아이들이에요. 그런 면에서는 숙제 많이 내주고, 일기 매일 쓰게 해 주는 엄한 담임 선생님도 환영받는 눈치입니다.

엄마 말이라면 일단 거르고 듣는 아이와 글쓰기 분량에 관해 대화할 때는 '열 줄 쓰기'처럼 강제적인 목표치를 설정하는 것보다 '적어도 열 줄 쓰기'와 같이 최소 분량을 협의하는 것이 효과적입니다.

아이들은 청개구리 같아서 열 줄 쓰라고 할 때는 띄어쓰기 심하게 하고 글씨 크게 써서 억지 열 줄을 만드는데, 열 줄 이상을 써 보라고 하면 열 줄보다 한 줄이라도 많이 쓰려고 애를 씁니다. (물론, 그러나 저러나 딱 열 줄에서 마감하는 아이들도 많습니다.)

열 줄 쓰기라고 하면 열 줄밖에 쓰지 않았을 아이가 열 줄이 넘었는데도 개의치 않고 계속 써서 목표를 훌쩍 뛰어넘는 경험을 하고 나면 이후의 글쓰기는 날개를 달기 쉽습니다. 한 번 넘어 본 한계는 이제 한계가 아니거든요. 안될 줄 알았던 지점이 생각보다 낮았음을 확인한 아이는 다음 지점을 향해 스스로 목표를 조정하기 시작합니다.

일기냐, 자유 글쓰기냐

초등 아이에게 하루에 두 편의 글은 무리입니다.

학교 숙제 등으로 주 1회의 일기를 쓰고 있다면 자유 글쓰기도 주 1회가 적당합니다. 일기를 화요일에 썼다면 자유 글쓰기는 목, 금요일 정도에 쓰면 좋고, 글쓰기를 놀이로 여긴다면 주말의 글쓰기로도 괜찮습니다.

　기본적으로 매일 일기를 쓰고 있던 아이라면 하루는 일기 대신 자유 글쓰기를 쓰게 하세요. 일기보다 자유 글쓰기가 더 재미있고 쉬워서 그걸 쓰겠다고 한다면, 일기 먼저 쓰고 나서 자유 글쓰기를 하라고 하는 방향으로 매일의 일기 습관이 흐트러지지 않게 해 주세요.

　평일에는 일기, 주말에는 자유 글쓰기도 좋습니다. 일기가 상대적으로 분량, 내용 등의 제한이 있는 데에 반해 자유 글쓰기는 조금 더 자유롭고 허용적인 글쓰기이기 때문에 숙제보다는 놀이, 휴식의 느낌으로 받아들이게 될 거예요.

음악 고르기

　제가 자주 쓰는 방법인데, 효과가 제법입니다. 저는 쓰는 일이 직업인 사람인데도 쓸 때마다 어려워요. 아침에 눈을 뜨고 오늘 쓰기로 계획한 분량의 글을 생각하면 심장 한 쪽이 뻐근해집니다. 노트북 책상 근처에만 가도 좀 마음이 묵직해져요. 아이들도 그럴 거예요. 그래서 저는 노래 한 곡으로 쓰기를 시작합니다. 얼마나 좋은 세상인가요? 유튜브에 검색하면 안 나오는 노래가 없어요. H.O.T 오빠들의 '행복'도 듣고, BTS 동생들 노래도 단골입니다. 일단 흥

얼거리면서 시작하면 적어도 시작하는 순간만큼은 덜 괴로워요. 시작하기만 하면 그때부터는 글이 써지고요.

　아이가 자유 글쓰기 시간만큼은 들썩이며 즐거웠으면 좋겠어요. 글쓰기 시간은 왜 늘 무겁고 회색빛이어야 하나요. 이제 그런 우울한 글쓰기는 잊으세요. 음악은 아이가 고르게 해 주세요. 마땅한 곡이 없다면 경쾌한 느낌의 연주곡 정도면 좋아요. 엄마가 좋아하는 곡도 좋아요. 공부하면서 집중할 때는 노래를 안 틀었으면 하지만, 놀이처럼 휴식처럼 즐거운 자유 글쓰기를 위해서는 신나는 노래 한 곡의 힘이 큽니다.

4

초등 자유 글쓰기,
이렇게 시도하세요

자유 글쓰기는 어떤 것에도 제한이 없어 정말 자유롭다고 느껴지지만, 실은 그것 때문에 더 힘듭니다. 일기는 '오늘 있었던 일 중에서'라는 울타리가 있고, 독서록은 '내가 정한 한 권의 책'이라는 울타리가 있고, 논술은 '이미 정해진 제시문'이라는 울타리가 있는데 자유 글쓰기는 그게 없으니 시작이 막막하죠. 앞에서 말씀 드렸듯이 '톡' 건드려 주기만 하면 열심히 잘 쓸 아이라는 것은 알지만, 아이의 상상력과 창의력이 기분 좋게 자극되도록 적절하게 '톡' 건드려 주는 일은 결코 쉬운 일이 아니에요. 글쓰기에 엄청나게 관심이 많은 초등 교사였던 저도 마음에 쏙 드는 글쓰기 소재를 매일 떠올리는 것은 시간이 꽤 걸리는 일이었어요. 미리 준비하지 못해 떠오르는 대로 급하게 내준 적도 많았고요.

　자유 글쓰기에도 울타리가 필요합니다. 기댈 수 있고 안전하게 느낄 만한 편안한 공간에서 마음껏 상상력을 펼치게 해 주는 거죠. '원하는 대로 자유롭게 써 봐!'가 아니라 글쓰기의 다양한 소재를 제시하고 그중 가장 원하는 한 가지를 고를 수 있는 선택권을 주는 것이 바로 자유 글쓰기의 울타리입니다. '이중에서 어떤 걸 골라도 괜찮아. 마음껏 골라봐.'가 되는 거죠.

　감사하게도 시중에는 초등 아이를 위한 자유 글쓰기 소재를 담은 책이 많이 나와 있습니다. 상상력과 창의력을 자극할 반짝반짝한 글쓰기 주제는 날마다 쉽게 떠오르는 게 아니기 때문에 오랜 시간 고민하여 모아 놓은 목록들의 도움이 요긴합니다. 저는 저희 반 아이들, 저희 집 아이들과 글쓰기를 할 때 이 책들의 도움을 받았고, 아이들은 흥미진진한 표정으로 거침없이 썼습니다. 그 교재들을 소개합니다.

자유 글쓰기 교재 ✏️

창의력을 키우는 초등 글쓰기 좋은 질문 642

- 재미있고 멋진 생각을 유도하는 질문 642개를 모았다. 다양한 질문으로 아이들의 생각을 넓혀 준다.

초등학생이 좋아하는 글쓰기 소재 365

- 창의성과 상상력을 자극하는 글쓰기 소재 365 가지가 실려 있다.

창의력을 키워주는 하루 한 장 초등 글쓰기

- 새로운 것을 생각하게 해 주는 질문이 페이지마다 하나씩 적혀 있다.

상상력을 키워주는 하루 한 장 초등 글쓰기

- 초등학교 4~6학년 대상이다.
- 상상력을 자극하는 질문을 던진다. 답변을 쓰다 보면 하루 글쓰기 분량을 채울 수 있다.

질문의 답을 글로 표현하면 끝

옆에서 소개한 자유 글쓰기 교재 안에는 다음과 같은 질문이 한 권 가득 들어 있습니다. 예를 들어 볼게요.

> ❀ 산타가 되어 선물을 준다면 누구에게 주고 싶은가? (출처: 『초등학생이 좋아하는 글쓰기 소재 365』, 민상기)
>
> ❀ 숟가락과 젓가락이 싸우고 있습니다. 둘 사이에 어떤 일이 있었던 걸까요? (출처: 『상상력을 키워주는 하루 한 장 초등 글쓰기』, 박재찬)
>
> ❀ 부엌 테이블에 기린 한 마리가 묶여 있어요. 무슨 일이 있는 걸까요? (출처: 『창의력을 키우는 초등 글쓰기 좋은 질문 642』, 826 Valencia)

이처럼 비록 현실에서 일어날 수 없는 일이지만 즐겁게 상상해 봄직한 초등 수준의 흥미로운 질문들이랍니다. 이런 질문이 한두 가지가 아니라 책 전체를 채우며 울타리의 역할을 톡톡히 합니다.

글이 어렵다면 말로 대답하기

위와 같은 형식의 질문들에 말로 대답하는 것에서 시작하는 것도 좋습니다. 보자마자 무조건 글을 쓰기 시작해야 하는 게 아니에요. 마땅한 답을 찾지 못해 머뭇거리고 어려워한다면 부모가 자신의 생각을 '툭' 던지며 하나의 예가 되어 주어도 괜찮아요. 창의적인 생각이 떠오르지 않아 막막해하다가 부모의 답을 듣고는 그보다 조금 더 재미있고 창의적인 답을 내놓기도 할 거예요. 창의력은 타고난다기보다는 경험, 모방, 유연한 사고, 다양성, 자율성의 산물에 가깝습니다. 따라서 편안한 분위기의 대화를 통해 생각을 정리할 기회를 갖게 해 주는 것은 글쓰기의 준비 운동으로 더없이 훌륭한 일이랍니다.

순서가 없어요

이런 형식의 책은 질문들이 규칙 없이 나열되어 있기 때문에 앞쪽부터 순서대로 할 필요가 없어요. 거의 대부분의 책이 앞쪽부터 차례대로 읽어 나가야만 하는 것과 대조적이죠. 아무 곳이나 펼쳐 마침 그곳에서 만나게 된 질문에 답을 하며 쓰게 하세요. 또는 책에 가득한 질문을 이곳저곳 펼쳐 보면서 그중 가장 마음에 드는 것을 선택해 시작하면 됩니다. 최종적으로 마음에 드는 질문이 두 가지여서 고르기 어렵다면 그중 하나는 내일로 남겨 두면 되는데, 때로는 글쓰기에 신이 난 아이가 시키지 않았는데 두 가지를 모두 쓰겠다고 하기도 합니다. 시켜서 억지로 쓰는 글 말고 쓰고 싶은 마음에 들썩거리며 쓰는 글, 아이의 글쓰기를 지켜보는 모든 부모가 가장 바라던 모습을 만나게 되는 거예요.

또, 우연의 힘을 빌리는 것도 재미있어요. 제비뽑기 같은 느낌이죠. 아이나 엄마가 좋아하는 숫자를 하나 고르고 숫자에 해당하는 페이지를 펼쳐 그곳에 나온 질문은 그게 어떤 것이든 무조건 글쓰기의 주제로 정하는 거예요. 저희 반 아이들과 해 봤는데, 와, 이거, 스릴 만점입니다.

마음대로 바꾸어 쓰기

소개해 드린 책에는 이미 정말 재미있고 선별된 질문들이 제공되고 있지만, 그것만으로 부족한 아이도 있습니다. 상상력과 창의력이 폭발하는 거죠. 시키는 대로만 하고 싶지 않은 성향의 아이도 있고요. 그럴 때는 제시된 질문을 살짝 변형해 보세요. 아이에게 기회를 주되, 가족이 함께해도 좋습니다. 예를 들어 볼게요.

아래 질문은 위에서 예를 든 책 속 질문입니다.

❀ 산타가 되어 선물을 준다면 누구에게 주고 싶은가? (출처: 『초등학생이 좋아하는 글쓰기 소재 365』, 민상기)

❀ 숟가락과 젓가락이 싸우고 있습니다. 둘 사이에 어떤 일이 있었던 걸까요? (출처:『상상력을 키워주는 하루 한 장 초등 글쓰기』, 박재찬)

❀ 부엌 테이블에 기린 한 마리가 묶여 있어요. 무슨 일이 있는 걸까요? (출처:『창의력을 키우는 초등 글쓰기 좋은 질문 642』, 826 Valencia)

이 질문을 저는 이렇게 변형해 보고 싶어요.

❀ 도둑이 되어 물건을 훔친다면 누구의 어떤 물건을 훔치고 싶은가?

❀ 경찰과 아기가 싸우고 있습니다. 둘 사이에 어떤 일이 있었던 걸까요?

❀ 자동차 안에 코끼리 열 마리가 묶여 있어요. 무슨 일이 있는 걸까요?

조금 더 흥미진진하게 변하지 않았나요? 예를 딱 한 가지만 알려주어도 초등 아이들은 저보다 훨씬 더 재미있게 바꿀 거예요. 지나치지 말고 꼭 한 번 시켜 보세요. 그리고 그중 가장 재미있는 질문으로 오늘의 자유 글쓰기를 해 보세요.

영상 강의 활용하기

글쓰기를 어렵게 느끼는 초등 아이들을 위해 제가 아이들에게 재미있는 이야기를 하는 방식으로 자유 글쓰기를 유도한 강의 영상이 있어요. 유튜브 채널 "매생이클럽"에 가면 그 영상을 볼 수 있고 영상을 보고 나서 바로 글쓰기로 연결할 수 있답니다. ('매생이'는 '매일 생각하는 아이'의 줄임말이에요.) 실제로 이 영상들을 보고 나서 즐거운 글쓰기, 거침없는 글쓰기, 매일의 글쓰기, 한 쪽 글쓰기에 성공했다는 아이들의 경험담이 자주 들려오고 있습니다. 교재의 질문을 보고 답을 쓰는 것에 흥미를 보이지 않던 아이들도 영상을 보며 쓰는 것에는 반응하기도 하여 성공 확률이 높습니다. 아이의 글쓰기 때문에 고민해 본 적이 있다면 꼭 한 번 시도해 보세요.

매생이클럽 영상 강의

5 자유글(순한맛)
아, 진짜
너무 황당해

7 자유글(순한맛)
막춤을 추고
양치질은 싫어해요

11 자유글(순한맛)
선물이
도착했어요!

15 자유글(순한맛)
방울이는
누굴까요?

17 자유글(순한맛)
100억?
계획을 세워봐

19 자유글(순한맛)
세상에
이런 학교가?

쓰는 속도 느린 아이 돕는 방법

참 신기하죠. 학년과 상관없이 초등 교실에서 글쓰기를 해 보면 일찍 완성하는 아이들은 글의 종류와 상관없이 늘 그렇고, 오래 걸리는 아이들도 늘 비슷해요. 신기한 건, 일찍 완성하는 아이들은 글 쓰는 속도만 빠른 게 아니라 문제 푸는 속도, 그림 그리는 속도도 비슷하게 빨라요. 느린 친구들도 그렇고요. 물론, 다른 과제보다 유독 글쓰기에만 오랜 시간이 걸리는 아이도 있지요.

끙끙대며 한참을 붙들고 쓴 게 간신히 몇 줄인 아이가 있어요. 이렇게 오래 쓸 거면 결과물의 완성도라도 높으면 좋겠는데 그도 아닌 거죠. 이 정도밖에 못 쓸 거면 후다닥 끝내고 다른 숙제를 하면 좋겠다는 마음도 들어요. 오래 붙잡고 끙끙대는 아이들의 유형을 몇 가지로 나누고, 유형별로 어떤 도움을 줄 수 있을지 생각해 볼게요.

원래 느린 성향의 아이

이 친구들은 그냥 다 느려요. 걸음도 느리고, 글씨 쓰는 것도 느리고, 밥 먹는 것도 느리고, 책가방 챙기는 것도 느리고, 책상 정리하는 것도 느리고, 알림장 쓰는 것도 느리고, 하다못해 하교할 때 교실을 빠져나갈 때도 뒤에 있어요. 이런 성향의 아이라면 글쓰기 속도 역시 빠를 리가 없습니다. 느림을 타고난 거예요. 더 정확히는 느림의 유전자를 물려 준 거예요. 아이의 선택이 아니었기 때문에 아이를 탓할 수 없습니다. 팔자려니 받아들이세요. 노력한다고 쉽게 눈에 띌 정도로 달라지지 않을 거예요. 아이도 부모도 스트레스를 받습니다. 이런 느린 성향의 아이를 키우다 보면, 경쟁적으로 학교생활을 하고, 비교 당하는 시기에 상대적으로 손해를 본다는 생각에 답답한 마음이 들죠. 그러나 조금 떨어져서 보면 매사에 급하고 빨리 끝내려는 성향보다 크게 부족함이 없답니다.

느리지만 꼼꼼하고, 차분하고, 실수가 적은 편이며, 위험한 행동을 덜 하고, 급하게 움직이느라 주변에 피해를 주는 일이 적고, 하다못해 빨리 끝내놓고 떠들다가 혼날 일도 없습니다. 물론, 교실 수업 시간이 40분으로 한정되어 있고 시간 안에 못 마치는 과제가 누적되는 저학년 시기에는 일시적으로 자신감이 떨어질 수 있어요. 하지만 대부분의 경우, 시간이 해결해 줄 거예요. 매일 하는 일은 노력하지 않아도 속도가 빨라질 수밖에 없어요. 속도가 나오지 않는 시기에는 완성도에 집중하여 칭찬하고 격려해 주세요. 오래 걸렸지만 포기하지 않고 끝까지 최선을 다했음을 강조하여 스스로 자랑스러워하게 도와야 합니다.

집중력이 부족한 머릿속이 바쁜 아이

몸이 산만하거나 머릿속이 산만하여 집중해서 글 한 편 완성하기 매우 힘든 유형이에요. 일기 한 쪽 쓰는데 엉덩이를 들썩이며 앉아 있지 못한다면 아직 어린 탓에 몸이 산만하기 때문이에요. 이 경우는 학년이 올라가면 자연적으로 해결됩니다. 1학년 교실에서 들썩거리던 아이들, 6학년이 되면 완전히 다른 사람이 되어 있어요. 집중력 훈련을 받은 게 아니라 시간이 흘러 성장한 덕분이지요.

문제는 머릿속이 복잡하고 시끄러운, 조용하지만 산만한 유형입니다. 저는 전형적인 이 유형의 사람이에요. (심하진 않지만 성인 ADHD 성향이 분명히 있습니다.) 제가 학창 시절을 보낸 작은 도시 제천은 비평준화 지역으로 지금까지도 고교 입시를 봅니다. 입시 과목 중에 논술이 있었는데 다들 고개 박고 샤프심 부러져가며 열심히 써내려 갔죠. 그런데 잡생각이 많던 저는 여느 때처럼 교실 유리창 너머의 간판들을 쳐다보느라 한참 동안 쓰지 않고 있었어요. 그럭저럭 답안은 채우고 나왔고 무사히 합격했어요. 입학하고 일반 사회 첫 시간에 선생님이 저를 보시더니 심하게 놀라셨어요. '너, 그때 논술 안 쓰고 멍하니 앉아 있던 그 여학생 아니니? 너 도대체 어떻게 합격했니? 어떻게 우수반에 앉아 있어?'하고 말씀하셨어요. 부모님 등에 떠밀려 시험 보러 온 아이인 줄 알았다며 하도 오랫동안 멍하니 앉아 있어서 속으로 걱정이 많으셨다고 하셨지요.

쓸 마음이 없는 것도 아니고, 쓸 줄 모르는 것도 아니고, 쓰기 싫은 것도 아닌데 타고난 집중력이 정상 범위보다 부족하면 이런 일이 생길 수 있어요. 아이가 혹시 저와 비슷한 유형은 아닐까 짚어 보세요. 그렇다면 희망이 있습니다. 저처럼 심하게 산만한 사람도 매일 글을 쓰고 점점 나아지고 있습니다.

이런 유형의 아이라면 즉각적인 보상과 짧은 시간 단위의 훈련이 효과가 있어요. 10분 후로 알람을 맞추어 놓고 10분 동안 집중할 수 있는 환경을 조성해 주는 것이 효과가 있어요. 알아서 써 놓기를 바라면 끝을 보기 어려워요. 실패 경험만 쌓여가는 거죠. 열 줄 쓰고 놀기, 10분 쓰고 놀기, 한 쪽 쓰고 나면 간식 먹기 등 짧고 작은 단위의 미션을 주고 그것을 이루어 가도록 해야 해요. 분량과 시간의 단위, 보상의 종류는 아이와 부모가 협의해서 최선의 것으로 조율해 나갈 수 있습니다. 할 수 있어요. 내 아이니까요.

(제 지금 모습이 궁금하실까 봐 참고로 말씀드리면, 눈만 뜨면 멍을 때리던 저의 집중력이 세 시간으로 늘어났어요. 세 시간 동안 집중해서 쓰고 밥 먹고 세 시간 쓰고 드라마 보고 세 시간 쓰고 잡니다. 한 시간도 채 되지 않던 집중 시간이 글 쓰는 루틴을 통해 이만큼이나 늘어났어요. 아이의 잠재력은 당연히 저보다 훨씬 더 대단할 거예요. 희망이 있습니다.)

너무너무 쓰기 싫어서 속도가 안 나는 아이

마음이 없는 아이를 물가에 끌고는 왔는데 물을 먹게 할 수 없는 안타까운 상황이지요. 움직이는 게 좋고, 텔레비전이 재미있고, 놀고만 싶고, 놀이터 상황이 궁금한데 글을 쓰라고 하니 너무너무 싫어서 손이 움직이지 않아서 오래 붙들고 있는 아이입니다. 왜 써야 하는지 전혀 모르겠고, 가만히 앉아서 쓰는 건 고역이고, 잘 쓰고 싶은 마음이 없는데 쓰기를 강요받는 상황이지요. 신기한 게 이런 아이들이 또 마음먹고 쓰면 곧잘 씁니다. 쓸 줄 몰라서 못 쓰는 것도 아닌데 꾀를 부리고 게으름을 피우니 다행스러우면서도 얄밉습니다.

이런 유형의 아이에게 강제적인 글쓰기는 오히려 역효과를 가져올 수 있습니다. 쓰기가 세상에서 제일 싫다는 후기가 남습니다. 이때 받은 상처를 고이 간직하며 대학생이 되고 어른이 되어서도 '나는 글쓰기가 정말 싫어, 제일 싫어, 절대 안 쓸 거야.'라고 스스로 선을 긋고 맙니다. 잘 되기를 바라고 시작한 일인데 도리어 아이에게 해가 되는 상황이지요. 우리가 바라는 건 이런 게 아니잖아요?

딱 한 발만 물러서 주세요. 글을 잘 쓰면 좋지만, 못 쓴다고 죽고 사는 건 아니에요. 지금 잘 쓰면 좋지만 나중에 잘 쓰게 될 수 있다면 지금은 살짝 양보할 수도 있는 일입니다. 일기 한 쪽을 한 시간씩 붙들고 있다면 너무 싫어 미칠 것 같은 마음일 수 있어요. 그 스트레스는 어디 가지 않고 차곡차곡 아이에게 쌓일 거예요. 한 줄만 쓰기, 1분만 쓰기, 일주일에 하루만 쓰기, 한 달 동안 일기 아예 안 쓰기 등 아이의 힘든 마음을 알고 있음을 표현할 만한 눈에 보이는 변화를 시도해 보세요. 고마워하면서 신나게 쓸 거예요.

글쓰기 경험의 부족

이제 막 글쓰기를 시작한 아이라면 속도는 기대하지 마세요. 중요한 건 글을 쓰는 습관이 안정적으로 자리 잡고 있는가이지, 부모의 기대에 부응하는 속도로 완성하는 것이 아닙니다. 습관 초기에는 '빨리 썼는지'가 아니라 '썼는지'에 중점을 두고 바라봐야 해요.

자전거를 처음 배우는 아이를 보면서 왜 저렇게 늦게 가냐고 속상해하지 않지요. '넘어지지만 않으면 좋겠다, 뒤에 잡았던 손을 놓고도 혼자 갈 수 있으면 좋겠다.'라는 마음으로 바라보잖아요. 그 시기에 더 빨리 달리지 않았다고 재촉하는 것만큼 이상한 일이 없는데 희한하게 글쓰기에 관해서는 여유가 없습니다. 쓰기 시작한 것도 대단한 일인데 30분 안에 완성하지 못했다고 혼을 냅니다.

글쓰기는 자전거 타기와 비슷합니다. 넘어지지 않고 탈 수 있게 된 아이가 매일 자전거를 타다 보면 몸이 성장하고 겁이 사라지면서 엄마가 못 쫓아갈 만큼 빠른 속도를 내게 되는 것과 똑같죠. 혼자 힘으로 뭐든 쓸 수 있게 된 아이가 매일 글을 쓰다 보면 손에 힘이 붙고 쓰는 뇌가 발달하게 되면서 한 시간 넘게 걸리던 일이 10분이면 충분하게 됩니다. 어떤 아이들은 유치원 때부터 두발자전거를 쌩쌩 타지만 어떤 아이들은 고학년이 되어도 무서워하며 비틀거리는 것처럼 글쓰기에 관해서도 아이마다 속도가 다르다는 점, 우리 아이의 적기는 부모가 알고 있다는 점만 기억하세요. 지금 좀 오래 걸리는 시간은 큰 문제가 아니랍니다.

혼자서도 척척,
독서록 숙제 해결하기

독서록 책을 읽고 줄거리와 느낀 점을 쓴 글.

독서록 숙제, 아이도 힘들고 봐주는 엄마도 힘드시죠?

쉽고 재미있게 시작하는 방법,

그렇게 시작하여 혼자 척척 써낼 수 있는 방법이 있습니다.

1

초등 독서록,
꼭 써야 할까요

초등 독서록, 숙제가 아니라면 안 써도 괜찮을까요?

네, 안 써도 괜찮습니다. 독서록은 필수가 아니에요. 그런데 왜 꼭 써야만 할 것 같은 기분이 드는지, 안 쓰고 있으면 밥 먹고 설거지 안 한 것처럼 찝찝한 느낌이 드는지, 정말 안 써도 괜찮은지, 그런데 이 책에서 독서록 쓰는 법을 설명하는 이유는 무엇인지, 안 써도 괜찮은데 숙제라면 꼭 해야 하는 이유를 하나씩 설명하겠습니다.

저는 담임 경력이 부족하던 시절, 초등 저희 반 아이들에게 줄곧 독서록 숙제를 냈습니다. 아이들이 그렇게도 괴롭게 책 읽고 베껴 쓰기를 해 온 것인 줄도 모르고 옆 반 부장님께서 하시길래 따라서 독서록 숙제를 냈어요. 일기장에서는 재미있게 잘도 속 이야기를 털어놓던 아이들이 유독 독서록에서만큼은 불편하고 부자연스러웠습니다. 책 내용을 그대로 베껴 놓은 듯 줄거리를 옮겨 놓더니 마지막에는 언제나 똑같은 한 문장을 붙여 놓았어요.

'참 재미있는 책인 것 같다.'

이런 식의 독서록은 멈춰야 한다고 생각합니다. 책을 위한 독서록이 책과 멀어지게 만들고 있기 때문입니다.

초등 독서록, 꼭 써야 할까요?

독서록, 넌 누구냐

먼저 독서록의 정의에 대해 생각해 볼게요. 혹시 책 읽고 나면 노트나 애플리케이션 등에 느낌을 기록한 적이 있을 거예요. 제목만 남기기도 하고, 표지를 사진으로 찍어 두기도 하고, 책 속 중요한 내용을 따로 정리해 두기도 합니다.

독서록은 다양한 형식이 존재하며 어떤 한 형식만을 고집할 필요도 없어요. 책을 읽고 나서 책에 관해 쓴 글이라면 모두 독서록입니다. 저는 책을 읽고 나서 책 표지 사진, 인상 깊은 구절, 간단한 느낌을 혼자만 사용하는 밴드에 올려 놓습니다. 그것도 독서록이에요.

초등 아이들이 독서록을 쓴다는 것은 크게 두 가지 형태예요. 단순한 기록이냐, 감상을 담은 글이냐에 따라 독서 기록장과 독후감(독서 감상문)으로 정리할 수 있습니다. 비슷한 역할을 하지만 구체적인 방법에서는 차이가 있습니다.

단순히 읽은 책을 기록하기 위한 목적인 독서 기록장이라면 책 제목, 읽은 날짜 등의 정보만 남기거나 책을 읽은 느낌, 혹은 책 속 한 문장 정도를 정리하면 됩니다. 독서 통장이라는 형태를 보신 적이 있을 거예요. 언제, 어떤 책을 읽었는지에 관한 기록을 모으는 거예요.

하지만 책을 읽고 나서 구체적인 줄거리, 느낌, 새롭게 알게 된 점 등을 정리해 두고 싶은 목적이라면 독후감(독서 감상문)으로 기록합니다. 보통 학교에서 숙제로 내주시는 경우에는 독후감(독서 감상문) 형태입니다. 이 형식이 발전하면 어른들의 '서평'이라고 하는 글의 한 종류가 되는 거예요.

초등에서 독서록이 의무가 아니며 그 형식에 메일 필요가 없는 이유는 애초에 정해진 형식이라는 것이 없는 종류의 글이었다는 점, 형식을 강조할수록 역효과가 난다는 점 때문입니다. 수학 문제는 싫어도 참고 풀어야 하지만, 독서록은 꾸역꾸역 쓸 필요가 없는 이유를 생각해 보겠습니다.

필수가 아닌 이유

독서록이 필수가 아닌 이유는 독서와 독서록의 관계에서 출발하면 이해가 쉽습니다. 순서상 우선이고, 더 중요한 것은 독서입니다. 독서를 하고 나서 기록하고 싶은 욕구를 담아 기록한 것이 독서록입니다. 책을 읽는 것 자체가 가장 중요하지요.

그런데 어느 순간, 어느 부분에서부터 이 둘의 관계가 달라져 버리는 일이 생겼으니 바로 독서록 숙제 때문입니다. 독서록은 나쁘지 않습니다만 독서록을 채우기 위한 용도로의 독서는 나쁩니다. 아이가 지금 읽는 책을 제대로 이해하고 있는지 알기 위해서는 독서록만한 게 없지만 그러는 사이에 아이들은 '독서록을 쓰기 위한 독서'를 하고 있습니다. 책을 읽고 나면 독서록을 써야 하기 때문에 책 읽기를 피하게 되고, 책을 읽으면서는 써야 할 독서록을 의식하여 책 속 내용에 깊이 빠지지 못하게 되기도 하지요. 주객이 완전히 전도되어 버린 안타까운 모습입니다.

정말 안 써도 될까

학교 숙제가 아니라면 정말 안 써도 될까요? 네, 안 써도 됩니다. 아이가 쓰기 원한다면, 책을 읽은 기록을 남기기 원한다면, 다른 공부를 다 하고 시간이 남아 뭐라도 쓰기 원한다면, '그래, 그럼 써 봐라.' 정도는 좋습니다. 그러나 학교 숙제도 아닌 것을 초등 내내 억지로 쓰면서 전쟁할 필요는 없다는 의미입니다. 이것 아니어도 쓰기 연습이 될 즐거운 글쓰기 주제는 다양하고, 이것 아니어도 연습해야 할 더 시급한 글들이 있기 때문입니다.

물론 책을 읽고 그에 관한 자기의 생각을 정리하는 독후감, 즉 '서평 쓰기'는 생각하는 힘을 키워 주는, 즉 사고력, 독해력을 키워 주는 매우 좋은 훈련입니다. 그러나 초등 글쓰기에서는 힘에 부칠 때가 많습니다. 책도 싫고 글쓰기도 싫어지게 만들 수 있기 때문에 아직은 좀 버거운 과제입니다. 더 많은 책을 읽고, 더 많은 자유로운 글쓰기를 하면서 쓰기 근육, 생각하는 근육을 단단하게 만들어야 할 시기입니다.

책만 잘 골라도

아이가 독서록 때문에 힘들어한다면 책 선정 단계에서 문제는 없었는지 되짚어 봤으면 좋겠습니다. 애초에 초등 아이들의 책은 재미있어 보이는, 호기심을 자극하는, 읽고 싶은 마음이 드는, 가장 덜 지루해 보이는, 주인공이 마음에 드는 것을 골랐어야 합니다.

그렇지 않고 공부에 도움이 될 것 같은, 필독 도서 목록에 있는,

읽으면 배경 지식이 쌓일 것 같은, 전집으로 구매해 놓은 아직 못 다 읽은 책을 읽고 있다면 그 책의 독서록은 아이가 쓰기 고생스러울 수 있습니다.

책만 잘 골라도 훨씬 수월합니다. 재미있고 좋아하는 것에 대해서는 할 말이 많아지는 게 당연하지요. 아이가 할 말이 많은 책을 놓고 쓰라고 해도 잘 쓸까 말까 한 게 독서록이라는 거, 잊지 마세요!

책 내용을 이해하는지 확인하고 싶다면

때로 책을 읽기는 했는데 제대로 읽었는지 확인할 길이 없어 일일이 질문하기도 귀찮은 마음에 책을 읽고 나서 독서록을 쓰라고 하는 경우도 있습니다. 제대로 읽었는지 확인하기에 이보다 간편하고 확실한 방법이 없긴 합니다만, 이 목적으로 싫어하는 아이에게 독서록을 강요하는 것은 더 중요한 가치인 '책을 좋아하게 만드는 것'에 실패할 가능성이 높습니다.

책 내용을 이해하고 있는지 확인하고 싶은 마음에 독서록을 쓰게 하지 않았으면 합니다. 책을 읽고 나서 슬쩍 주고받는 아이와의 대화, 질문과 대답, 아이의 책 설명 등을 통해 '정확하고 자세하게는 아니어도 대략적인 이해를 하고 있구나.'라는 정도로 만족했으면 합니다.

제대로 이해하고 있다고 해도 말과 글로 정확하게 표현할 수 있는 아이는 극히 드뭅니다. 어른도 그렇습니다. 아이가 책을 읽고 왜 이 정도밖에 안 되는 독서록을 썼는지 이해되지 않고 자꾸 화가 치밀어 오른다면 엄마, 아빠가 직접 오늘 책 한 권씩 읽고 독서록을 적어 보세요. 모든 분노가 가라앉게 될 겁니다.

2

차곡차곡
초등 독서 기록

아이가 언제, 어떤 책을 읽었는지를 기록하는 것 자체에 의미를 둔다면 독서 기록을 위한 간단한 형식 정도면 충분합니다. 제가 근무하던 학교에서는 1학년 입학할 때부터 6학년 졸업할 때까지 읽은 모든 책의 기록을 모아 졸업할 때 하나로 묶어 선물하고, 1천 권을 달성한 아이에게는 졸업식에서 큰 상을 주는 제도가 있었습니다. 담임에게는 번거로운 업무였지만 아이들에게는 뜻깊은 일이었지요. 성적이 아닌 꾸준한 독서 덕분에 상을 받을 수 있다는 점에서 매우 교육적인 제도라고 생각했습니다.

가정에서도 충분히 시도해 볼 만한 독서 기록장의 양식을 공유합니다. 짧은 글쓰기, 따라 쓰기, 주제 찾기 등 본격적인 독후감 쓰기의 준비, 시작 단계가 되어 줄 거예요. 모든 양식은 네이버 카페 "슬기로운초등생활"에 파일 형태로 공유하고 있습니다.

책 속 한 줄 찾기

독서록을 처음 써 보는 아이가 책에 대한 간단한 기록을 남기는 것으로, 독서 기록을 시도해 볼 수 있게 하는 '책 속 한 줄 찾기'입니다. 날짜, 책 제목, 지은이 등의 기본적인 필수 정보를 기록한 후에 책 속에서 가장 재미있는, 혹은 의미 있는, 기억에 남는 한 문장을 찾아 그대로 옮겨 적는 방법이에요. 찾아서 베껴 적기만 하면 되니까 부담이 없는 데다가, 한 문장을 고르기 위해 책 내용을 다시 확인하게 되어 간단하면서도 의미 있는 방법입니다.

강제적으로 하다 보면 아무 쪽이나 펼쳐서 아무 문장이나 일단 베껴 놓는 경우도 종종 발생합니다. 아이 키울 때는 정말 별일이 다 생깁니다. 이렇게 키우지를 않았는데, 엉뚱한 짓을 자꾸 합니다. 무언가 의심이 들더라도 이 문장을 왜 골랐냐고 형사처럼 취조하지는 마세요. 정말 멋진 문장을 골랐을 때 아이의 안목에 감탄해 주세요. 부모를 놀라게 해 주고 싶어 설레며 최고의 문장을 고르게 하는 것도 중요하니까요.

책 속 한 줄 찾기 🖍️

	책 제목		지은이	
( )월 ( )일	책 속 한 줄			
	책 제목		지은이	
( )월 ( )일	책 속 한 줄			
	책 제목		지은이	
( )월 ( )일	책 속 한 줄			
	책 제목		지은이	
( )월 ( )일	책 속 한 줄			
	책 제목		지은이	
( )월 ( )일	책 속 한 줄			
	책 제목		지은이	
( )월 ( )일	책 속 한 줄			

책 속 한 줄 느낌

책을 읽고 난 느낌을 한 줄로 간단하게 적어 보는 거예요. 분량이 적기 때문에 부담이 없으면서도 책을 읽고 나서의 느낌을 떠올려 보고 기록할 수 있기 때문에 의미 있는 활동이 됩니다.

이 형식에는 조건이 함께 해야 합니다. '○○(등장인물)이 ○○하는 장면(주요 사건)이 재미있었다.'처럼 기본적이고 최소한의 문장 형식의 예시를 제시하는 겁니다. 이렇게 써야 하는 줄을 몰라 못 썼던 거지, 알려 주기만 하면 잘 따라 쓸 줄 압니다.

대부분의 일들에서 뒤늦게 알게 된 것이지만, 아이들은 나쁜 것이 아니라 몰랐던 것뿐이에요. 나의 느낌을 한 줄로 표현하기 힘들어한다면 아래의 예시를 보여 주고 비슷하게 써 보게 해 주세요.

❀ 호랑이가 팥죽 할머니 집에서 당하는 모습을 보면서 통쾌하고 재미있었다.

❀ 우리 동네에도 만복이네 떡집이 있으면 좋겠다는 생각이 들었다.

❀ 제목과 표지만 봤을 때는 재미없어 보였는데, 막상 읽어 보니 생각보다 괜찮았다.

책 속 한 줄 느낌 ✏️

	책 제목			지은이	
( )월 ( )일	한 줄 느낌				
	책 제목			지은이	
( )월 ( )일	한 줄 느낌				
	책 제목			지은이	
( )월 ( )일	한 줄 느낌				
	책 제목			지은이	
( )월 ( )일	한 줄 느낌				
	책 제목			지은이	
( )월 ( )일	한 줄 느낌				
	책 제목			지은이	
( )월 ( )일	한 줄 느낌				

책 속 키워드 3개 뽑아 보기

　책 읽는 아이를 지켜보는 어른들의 가장 큰 궁금증인 '책 내용을 제대로 이해하고 있는가'에 관한 고민을 해결해 줄 형식의 독서록입니다.

　책 내용을 제대로 이해하고 있다면 책 속에 나오는 수많은 단어 중 가장 빈도가 높거나 사건의 핵심이거나 가장 중요한 인물을 나타내는 단어를 골라낼 수 있어요. 제대로 골랐다면, 어느 정도는 제대로 파악하고 있다고 안심해도 좋습니다.

　키워드 칸에는 인물의 이름, 장소, 사건, 물건 등 상관없이 세 가지를 골라 쓸 수 있지만 여기서 확장하면 인물은 세 명, 장소는 세 군데, 사건 세 가지, 중요한 물건 세 가지 등 각 종류별로 세 가지를 골라 보는 것도 흥미롭습니다.

　책을 읽었다고 해서 모든 내용, 세부적인 명칭까지 기억하고 있기는 어렵기 때문에 독서록을 작성하기 위해 다시 책을 들추어 찾아보는 것은 당연하고 자연스러운 과정입니다. 방금 읽고 왜 등장인물의 이름도 기억하지 못하냐고 타박하지 마세요. 그것이 아니어도 부모의 더 중요하고 의미 있는 일은 많습니다.

책 속 키워드 3개 뽑아 보기 ✏️

( )월 ( )일	책 제목		지은이	
	키워드			
( )월 ( )일	책 제목		지은이	
	키워드			
( )월 ( )일	책 제목		지은이	
	키워드			
( )월 ( )일	책 제목		지은이	
	키워드			
( )월 ( )일	책 제목		지은이	
	키워드			
( )월 ( )일	책 제목		지은이	
	키워드			

3

본격 독후감(독서 감상문)으로
확장하는 법

독서 기록장이 책을 읽었다는 것 자체를 기록하는 데에 의미를 두는 편이었다면, 책에 대한 감상을 담은 조금 더 발전한 단계인 독후감에 도전해 볼 수 있습니다. 두 가지 모두 학교 숙제가 아니라 가정에서 지도하고 있다면, 저학년 때는 독서 기록장만으로도 충분하며 이르면 3학년 정도부터 독후감 형태를 시도하면 됩니다. 이 시기는 생각을 표현하는 본격적인 글쓰기가 시작되는 때이기도 하고, 앞서 경험한 간단한 형식을 통해 책을 읽고 나서 무언가를 쓰는 일을 충분히 경험했기 때문이기도 합니다.

다만, 저학년이라도 읽기와 쓰기에 익숙한 아이라면 독후감을 시도해 볼 수 있으며 고학년이라도 간단한 독서 기록장으로 시작해야 하는 아이도 있습니다. 아이를 파악하고 그에 따라 글쓰기의 속도를 조절해야 하는 이유입니다.

아이의 속도가 늦었음을 확인할 때마다 어쩔 수 없이 드는 부모로서의 조급함과 불안함을 알고 있습니다. 저는 교실에서 가장 느린 속도로 자라고 있는 아이를 키우는 엄마라서 그런지 그 급한 마음을 누구보다 절실히 압니다. 속을 다스리기 어려운 순간도 자주 만나고 있어요. 완벽하지는 않지만 전보다 조금씩 더 마음을 다스릴 수 있게 된 건 아이의 성장하는 모습 덕분이었어요. 친구들과 비교하지 않으려고 노력했고, 아이가 저학년 때 썼던 공책을 자주 들여다보며 지금 얼마나 많이 성장했는지, 얼마나 전보다 잘 쓰고 있는지를 상기시키기 위해 애쓰며 지냅니다. 그렇지 않으면 아이도 저도 학창 시절 내내 얼마나 더 깊이 불행해질지 알기에 의식적으로 아이의 성장에 주목하는 거지요. 속도가 아니라 성장 그 자체로 바라보기 위해 노력합니다. 쉽지 않지만 자꾸 하니까 되긴 됩니다. 마음을 편히 가지니까 아이도 제 눈치를 덜 보고 편안해졌어요. 혹시나 지금 저처럼 느린 아이를 키우고 있다면 손잡아 드리고 싶습니다. 여유로운 마음으로 아이의 때를 기다려 보자는 말씀을 꼭 드리고 싶어요.

아이의 때가 되어 본격적인 독후감을 시도할 때는 몇 가지의 형식이 효과가 있어요. 무턱대고 책의 내용을 요약하고 감상을 적는 것에서 살짝 변형된 방식입니다. 시도해 보기에 훨씬 부담이 적습니다. 교실에서 자주 쓰던 독후감 형식 중 성공 확률이 높았던 것 몇 가지를 추려서 소개합니다.

등장인물에게 편지 쓰기

초등 아이들이 보는 동화, 소설책 등의 이야기책에는 다양한 등장인물이 등장합니다. 이들 중 한 명을 골라 그에게 편지를 쓰는 거예요. 전해 줄 수는 없지만 독서록에 독후감의 형태로 남을 겁니다. 가상의 인물이지만 점점 더 말 안 통하는 부모님, 동생보다 훨씬 더 내 마음을 털어 놓기 괜찮은 상대가 될 수도 있습니다.

편지를 쓰는 대상은 주인공이 아니어도 괜찮아요. 사람이 아니어도 괜찮습니다. 아이가 가진 창의력, 엉뚱해 보이는 상상력을 마음껏 발휘할 수 있는 분위기는 생각보다 훨씬 더 중요합니다.

편지 쓰기니까 편지글의 형식을 정확하게 갖추어야 한다는 부담이 있을 수 있지만 그것이 최우선의 가치는 아니에요. '○○에게' 정도로 시작하여 하고 싶은 말을 자유롭게 적는 것이면 충분합니다. 책 속 인물에게 꼭 하고 싶은 말, 궁금했던 점 질문하기 등 마치 가족이나 친구에게 편지를 쓰듯 자유롭게 적게 하세요.

등장인물에게 편지 쓰기 ✏️

- 읽은 날짜:

- 책 제목:

- 지은이 / 출판사:

- 책 선택 이유:

- ○○에게,

   안녕? 나는 ○○이야.

책에 별점 주기

최근 텔레비전 프로그램, 영화, 하다못해 배달 음식 애플리케이션에서도 이용자의 별점 후기가 동반되고 공개되고 있어, 별점 후기는 아이들에게도 그다지 낯선 방식이 아닐 거예요. 또, 아이들이 즐겨 보는 가요, 랩 분야의 오디션 프로그램을 통해서도 이런 식의 평가를 자주 접해 봤을 거예요.

아이가 읽은 책을 모두 점수라는 형태로 평가할 필요는 없지만 책에 대한 생각을 간단히 적고 별을 주는 활동이라면 독서록의 지루함을 이기고 재미와 기록을 동시에 잡을 가능성이 높답니다.

아이의 평가는 온전히 아이의 몫이에요. 수상작이든, 권장 도서든 상관없이 아이가 읽고 나서 느끼는 온전한 자기만의 감상과 평가는 존중되어야 합니다. 모든 책이 다 재미있을 리 없고, 모두 다 나에게 유익했을 리도 없어요. 또, 절대 다시 읽고 싶지 않은 책도 있지요. 독서록은 그에 대한 자유로운 후기를 남겨 보는 것으로도 충분합니다. 평가는 어른이 어린이에게만 하는 것이라는 고정관념을 깨고, 독자인 어린이가 작가, 편집자, 출판사인 어른에게 별점 후기를 줄 수 있다면 평소에 그다지 책에 관심 없던 아이도 흥미가 생길 수 있어요.

책에 별점 주기 🖊️

- 읽은 날짜:

- 책 제목:

- 지은이 / 출판사:

- 책 선택 이유:

    ★ 재미있었나요? ☆☆☆☆☆

    ★ 나에게 도움이 되었나요? ☆☆☆☆☆

    ★ 인상 깊은 장면이 있었나요? ☆☆☆☆☆

    ★ 다시 읽고 싶은 책인가요? ☆☆☆☆☆

    ★ 친구에게 추천하고 싶은 책인가요? ☆☆☆☆☆

- 전체 별점: ☆☆☆☆☆

- 소감:

책 추천하기

책을 읽은 기록, 느낌 정리하기의 이전 단계에서 이 책을 누군 가에게 추천하는 글을 써 보는 것도 즐거운 형식의 독서록이 됩니 다. 무언가를 추천할 때는 이유가 있어야 하잖아요. 하다못해 동네 에 새로 생긴 카페를 동네 아는 엄마에게 소개하고 추천할 때도 커 피 맛이 괜찮더라, 인테리어가 세련됐더라, 가격이 저렴하다더라 하는 이유가 바로 따라붙는 것처럼 말이지요.

아이가 읽은 책 중에 친구에게 추천해도 괜찮을 만한 책이라면 가벼운 추천의 글을 쓰는 것 자체로 훌륭한 독서록이 될 수 있어 요. 엄마, 아빠처럼 가족에게 추천하는 것도 좋아요. '읽어 봐.'라는 말로 부족하다는 것은 말하는 사람이 더 잘 압니다. 어떤 부분이 특히 재미있다거나, 결말에서 반전 혹은 감동이 훅 들어온다거나 하는 등의 추천할 만한 이유를 고민하게 되고 글로 쓰면서 정리하 게 되지요. 또, 이렇게 쓴 글을 바탕으로 가족끼리 모여 앉아 소개 하고 싶은 책, 추천하고 싶은 책에 관해 이야기 나누는 시간을 갖 는 것도 재미있답니다.

책 추천하기 🖊

- 읽은 날짜:
- 책 제목:
- 지은이 / 출판사:
- 책 선택 이유:
- 추천 대상:

- 추천하는 이유:

책 제목 바꾸기

책을 다 읽고 나서야 이해되는 제목이 있고, 읽기도 전에 내용이 짐작되는 제목도 있어요. 아이가 책 한 권을 쓰고 제목을 짓는 일은 평생 한 번 있을까 말까 한 일이지만 읽은 책의 제목을 아이 마음대로 바꾸어 보는 것은 언제든 가능한 일입니다. 물론 책 전체를 완독했다는 전제가 필요하지요.

'아이들의 창의력은 어디까지일까?'라는 생각을 하며 교실에서 즐겁게 해 보았던 활동이에요. 교실 아이들이 함께 읽은 책인 경우 다 같이 그 책의 제목을 더 재미있고 기발하게 바꾸어 보는 활동을 했었지요. 각자 읽은 책의 경우에는 제목을 바꾼 후에 친구들에게 책을 소개하면서 새롭게 정한 제목을 공개하기도 했었어요.

제목을 바꾸었다면 새롭게 정한 제목의 이유를 간단하게 설명해 보는 기회가 필요해요. 제목을 새롭게 바꾸기 위해 책의 내용을 떠올리게 되고 떠올린 내용을 글로 옮겨 적다 보면 자연스레 한 편의 독후감이 완성되지요.

책 제목 바꾸기 ✏️

- 읽은 날짜:

- 책 제목:

- 지은이 / 출판사:

- 책 선택 이유:

- 바꾼 제목:

- 새롭게 바꾼 제목의 이유:

책 내용으로 퀴즈 내기

보통은 아이가 책을 읽고 나면 제대로 이해하고 읽었는지를 확인하기 위해 이렇게 질문을 하곤 합니다.

'주인공의 이름은 뭐야?'

'이 책에서 가장 큰 사건은 뭐야?'

'전체 줄거리를 좀 말해 봐.'

이렇게 몇 가지의 질문으로 아이의 독서를 확인하는 거지요. 아이는 책을 읽고 나면 심문을 당하듯 질문에 답해야 하는 곤란한 상황을 만나면서 독서와 멀어지기도 한답니다.

이 과정을 독서록 형태로 만들면 어떨까요? 한 편의 훌륭한 독후감이 탄생한답니다. 책을 읽은 아이가 책을 다시 넘겨 가며 책 속에서 중요하다고 생각되는 내용을 질문의 형태로 만들어 독서록을 채우게 되지요. 책의 내용을 되새기고 중요한 내용을 추려내는 기능을 한다는 의미에서 충분히 재미와 의미를 잡는 형식의 독서록이 될 수 있습니다. 또, 이 질문에 대한 답도 정리해서 적어야 완성되기 때문에 정답지를 만드는 과정도 책을 읽고 생각과 내용을 정리하는 데에 도움이 된답니다.

이렇게 완성된 질문과 정답을 이용해 가족에게 문제를 내고 맞춰 보게 하는 선생님 놀이로 확장할 수도 있습니다.

책 내용으로 퀴즈 내기 🖊

- 읽은 날짜:

- 책 제목:

- 지은이 / 출판사:

- 책 선택 이유:

- 책 속 내용 퀴즈 (정답)

1.

2.

3.

4.

5.

6.

7.

8.

9.

10.

컴퓨터 글쓰기 지도법

코로나 때문에 집에 콕 박혀 아이들 먹이고 공부 챙기던 부모님들 정말 고생이 많았지요. 온라인 수업의 장기화로 초등 아이와 학부모 모두 힘든 시간을 보냈지만 나쁘기만 했던 건 아니에요. 스마트폰을 척척 다루면서도 컴퓨터를 낯설어하던 초등 아이들이 컴퓨터와 성큼 친해졌고 익숙하게 다룰 줄 알게 되었으니까요. 언제나 그렇지만 육아는 긍정적으로 해야 덜 우울합니다. 갑작스럽게 닥쳤던 온라인 수업으로 인한 위기를 기회로 바꾸어 보겠습니다.

이참에 컴퓨터를 활용하는 글쓰기를 시작해 보는 거예요. 공책한 쪽을 뚝딱 써 낼 정도로 글쓰기 습관이 자리잡힌 상태라면 컴퓨터 글쓰기에 흥미를 보일 가능성이 높습니다. 어른 같아 보일 수 있다면 뭐든 대환영하는 고학년 사춘기 언니, 오빠를 위한 즐거운 글쓰기입니다.

글은 공책에 연필로 쓰는 거라는 고정관념을 벗어 보겠습니다. 컴퓨터로는 온라인 수업을 듣고 나서 유튜브를 보는 거라는 고정 관념을 깨 보겠습니다. 아이가 어떻게 성장할 지는 아무도 모릅니다. 안 그래도 하루가 정신없이 흘러가는데, 아이의 한계를 긋느라 바빠하지 마세요. 그럴 시간에 차라리 드라마 정주행을 하세요.

컴퓨터가 보급되기 시작하면서 글을 쓰는 사람들은 공책 글쓰기를 중단했습니다. 일기와 플래너까지도 컴퓨터로 기록할 정도니 일반 글쓰기는 당연하듯 컴퓨터에 작업하고 저장합니다. 작가들이 컴퓨터로 글을 쓰는 이유, 공책 글쓰기로는 얻기 힘든 컴퓨터 글쓰기만의 고유성과 장점을 생각해 보겠습니다.

손이 덜 아프다

초등 아이들이 글쓰기를 싫어하는 이유 중 하나는 손이 아파서입니다. 어른도 마찬가지예요. 저도 일기 정도는 일기장에 손으로 적으려고 버티다 결국 컴퓨터로 돌아섰습니다. 쓸수록 손이 점점 더 아파오니 이건 뭐, 쓰던 글도 서둘러 정리하고 싶은 마음이 들더군요. 내 감정과 경험을 감성 팍팍 담아 자세히 기록하고 싶던 마음이 뚝 떨어졌습니다. 컴퓨터에 일기 파일을 만들고 기록하기 시작했는데, 아니나 다를까 무슨 쓸 말이 그리 많은지 매일 주절주절 늘어 놓습니다. 손이 안 아프니까 오히려 내용에 집중하게 되더라고요.

컴퓨터 글쓰기 초기에는 자판을 못 외웠고 컴퓨터 사용이 익숙하지 않아 더 힘들다고 느껴지겠지만 얼마 안 있어 쓰고 싶은 글을 마구 두드리는 아이를 만나게 될 겁니다.

수정이 쉽다

한 번 공책에 써 놓고 나면 수정은 거의 없습니다. 글짓기 대회에 나갈 글도 아닌데 수정하거나 옮겨 적으면서 정성을 들일 일이 없습니다. 수정하지 않아도 되지만, 자기가 쓴 글을 다시 읽어 보며 수정할 기회가 있다면 이보다 좋은 글공부가 없습니다. 저장해 두었던 파일을 열어 다시 읽으면 처음 쓸 때는 보이지 않던 어색하고 부족한 부분이 툭툭 튀어나옵니다. 그리고 몇 군데 고치지 않아도 훨씬 보기 좋은 글이 됩니다. 저는 초고를 작성하는 시간보다 퇴고하는 시간이 훨씬 오래 걸립니다. 많은 작가들이 비슷할 거라 생각합니다. 글은 고칠수록 무조건 더 좋아지기 때문이에요.

글을 써서 저장해 놓았다면 하루 정도는 새 글을 쓰지 말고 썼던 글을 그저 읽어 보라고 해 보세요. 읽으면서 자연스럽게 수정을 시작할 거예요.

글을 공개할 수 있다

입력하고 저장하여 파일 형태로 보관된 글은 언제든 블로그 등의 인터넷 공간에서 공개할 수 있습니다. 공책에 써 놓은 글을 사진 찍어 올릴 수도 있지만 직접 텍스트 형태로 입력한 글을 공개하는 것이 더욱 일반적인 방법이겠지요. 또, 텍스트 형태의 글을 인터넷 공간에 올려 두면 대중에 노출될 수 있기 때문에 더 많은 사람과 소통하는 일도 가능하답니다.

물론, 글을 공개할 건지 여부는 어디까지나 아이와 부모님의 의견에 따라 결정할 일이지만 내가 직접 쓴 글을 누군가 찾아와 읽고, 칭찬의 댓글을 받는 것은 글을 공개했을 때에만 경험할 수 있는 짜릿한 경험입니다.

글을 새로운 형태로 활용할 수 있다

공책에 적어 둔 글은 글 이외의 다른 어떤 형태로도 바꿀 수 없지만 텍스트로 입력해 둔 글은 변화의 폭이 넓어 글쓰기에 호감을 가져다줄 가능성이 있습니다.

흔히 가정에서 사용하는 입력 프로그램에는 한글 프로그램과

MS워드가 있습니다. 이후 단계로 활용해 보았으면 하는 프로그램은 PPT(파워 포인트)입니다. PPT는 텍스트보다 사진을 주로 활용하기는 하지만 텍스트의 역할도 빠지지 않습니다. 한글 프로그램에 싫증이 난 것 같아 보인다면 PPT를 시작해 보기를 추천합니다. 고학년이 되면 모둠별 프로젝트 활동의 결과물을 발표해야 하는데, PPT를 능숙하게 다룰 줄 알면 훨씬 수월하고 유리하답니다.

보고서 작성을 미리 경험한다

제가 대학생일 때만 해도 리포트라고 하는 과제물을 컴퓨터로 작성해 제출하는 것이 완전 신인류의 대학 생활로 보이던 시절이었습니다. 선배들은 손으로 적어서 냈다고 하더라고요. 요즘은 보고서 등의 과제를 컴퓨터로 작성해서 내는 시기가 빨라져 고등학생, 빠르면 중학생까지 이미 내려왔고, 아주 가끔이지만 초등에서도 숙제를 컴퓨터로 한 후에 출력해서 내는 경우도 있습니다.

지금은 아니지만 자라면서 언젠가 필요할 거라 예상된다면 사교육보다 일단 엄마표 노출입니다. 컴퓨터 학원에 보내서 자격증 따게 하는 것보다 좋은 것은 1주일에 한 편이라도 한글 프로그램을 이용해서 내가 썼던 글을 옮겨 저장하는 것입니다.

글씨체를 다양하게 바꾸어 보고, 표를 넣어 멋지게 만들어 본 후에 출력하여 보관하거나 인터넷 공간에 공유하는 식입니다. 별 것 아닌 것처럼 보이는 경험이 언제 혹 닥칠지 모르는 컴퓨터를 활용한 과제물 제출에 요긴하게 사용될지 모를 일입니다.

장점을 한참 늘어 놓고 보니 컴퓨터 글쓰기 예찬론자 같지만 아직 아이가 초등이기 때문에 부모가 기억해야 할 부분이 있습니다.

첫째, 초등의 기본은 손글씨와 공책입니다. 주객이 전도되지 않게 해 주세요. 평일에는 공책에, 주말에는 컴퓨터에 쓰기 정도의 비율이 적당합니다.

둘째, 아이가 글을 인터넷 공간에 공유하기 원한다면 어느 플랫폼을 이용할 건지, 공개 여부는 어떻게 결정할 건지, 꾸준히 공유할 예정이라면 어느 요일, 시간을 활용할 건지 등에 관한 협의가 필요합니다. 컴퓨터라면 마냥 좋아서, 또 이웃들의 댓글을 받고 싶어서 공부 팽개치고 글만 쓰고 있을 수 없기 때문입니다.

셋째, 아이 글을 모아 두는 전용 폴더를 만들고 차곡차곡 모으세요. 이렇게 쌓이는 글도 몇 년 꾸준히 하면 분량이 제법 됩니다. 컴퓨터가 고장 나서 날려버리기에는 아까울 수 있으니 수시로 백업하는 것으로 아이에 대한 애정을 표현하세요.

대화에서 시작하는
초등 엄마표 논술

논술(논설문) 어떤 사실이나 사건, 사물에 대해 자기 생각을 강하게 내세우는 글. 자기 생각을 이치에 맞게 조리 있게 쓰는 글. 다른 사람들에게 내 생각을 이해시켜서 따르도록 설득하는 글. 주장하는 글이라고도 함.

초등 글쓰기 중 가장 부담스러운 논술에 관한 이야기를
시작해 볼까 합니다. 부담스러워 엄두도 못 내고 있었다면
뭐라도 조금씩 시작해 볼 만한 용기와 방법을 전해드리고 싶습니다.
논술의 핵심은 '나의 생각'이라는 점만 기억한다면 엄마표 논술도
시도해 볼 만합니다.

1

초등 논술,
넌 도대체 누구냐

저는 글을 쓰지만 강연도 합니다. 아무리 바빠도 한 달에 두세 번 정도는 독자와의 만남을 계획합니다. 수도권에 살면서 부산, 광주, 제주까지 전국으로 강연을 다니는 일이 기쁘기만 하다면 거짓말이지요. 이른 새벽에 일어나 없는 솜씨에 고데기로 머리 말고 초행길을 나서는 일이 만만치 않지만 돌아올 때는 다녀오길 정말 잘했다는 만족스러움이 큽니다. 대한민국 엄마들의 다양하고 구체적인 고민을 가까이에서 직접 들을 수 있고, 지역별 사교육 현황도 바로 보고 들어 알 수 있기 때문이에요. 덕분에 글쓰기, 그중에서도 논술이 얼마나 부담스러운 존재인지도 제대로 알게 되었답니다.

다른 과목은 집에서 어느 정도 가르치겠는데, 논술만큼은 겁이

나는 부모가 많습니다. 학교에서 6학년 아이들을 앉혀 놓고 논술 지도를 했던 저도 본격적으로 제 아이의 논술을 시작할 때는 숨을 한 번 고르고 준비가 필요했던 기억이 납니다.

맞아요. 너무 부담스러워요. 논술을 쓸 줄 알고 써 본 적이 있어도 자식에게 가르칠 수 있을까 말까 한데, 제대로 배워 본 적이 없는 부모 세대인 우리에게 논술이라는 영역은 정말 부담스럽습니다. 그래서 부모가 아이와 함께 되도록 쉽게, 완벽하지 않아도 시도해 볼 방법을 고민하고 공유하고 싶습니다.

논술은 보고 듣고 읽고 겪었던 일을 쓰는 것이 아니라 제시된 지문과 질문에 대한 자신의 의견을 정한 후에 그것을 뒷받침할 근거를 대야 하는 높은 수준의 글쓰기입니다. 그래서 각 대학에서는 입시의 변별력을 갖추기 위해 독서록, 일기가 아닌 논술을 입시 과목으로 선택하는 것입니다. 그간의 글이 논리보다는 분량을 채우는 필력, 어떻게든 완성하는 엉덩이의 힘, 규칙적으로 꾸준히 지속하는 습관의 힘으로 어느 정도 수준까지 오를 수 있는 것이었다면 논술은 좀 다릅니다. 논리가 핵심이예요.

하지만 논술 역시 다르지만 다르지 않습니다. 무슨 말장난이냐고요? 어렵게만 생각하고 있다가 수능 끝나고 논술 과외 붙여 주면 되겠지 하고 미뤄 둘 필요가 없다는 점에서 초등의 매일 글쓰기와 다르지 않다는 의미입니다. 과외보다 절실하게 필요한 것은 글쓰기 근육, 생각하는 근육을 다지는 것입니다. 그렇기 때문에 초등에서 시작할 수 있고, 구멍이 보이더라도 시도해야 합니다.

생각하는 근육(사고력) 다지기

짜장이야, 짬뽕이야 식의 질문에 답을 해야 하는 상황이 종종 있습니다. 오랜만에 외식이니 짜장을 먹을까 하다가 칼칼한 국물이 생각나 짬뽕으로 돌아섰다가, 메뉴판에 있는 간짜장을 보고 망설입니다. 결과가 뭐가 됐든, 결국 내가 먹을 메뉴 하나는 내가 골라야 끝이 납니다. 어느 한 쪽을 선택했을 때 얻게 될 만족감과 동시에 드는 아쉬움을 수차례 견주어 보며 결국 어느 한 쪽을 선택해야 합니다. 아이가 짜장을 선택한 이유가 엄마가 짜장 먹으라고 했기 때문이 아니어야 합니다. 선택의 이유가 아이 본인에게 있어야 합니다.

극히 개인적인 취향의 문제라고 생각된다면 이번에는 탕수육을 둘러싼 가족의 갈등을 생각해 보겠습니다. 4인 가족이 중국집에 가서 기본 메뉴를 시키고, 함께 먹을 탕수육을 추가한다면 대(大)자, 소(小)자 중 무엇을 선택해야 할까요? 이구동성으로 대(大)자를 외치는데, 아무리 생각해 봐도 양이 많아 남을 것 같다면 소(小)자를 시켜야 한다고 주장하는 것과 동시에 근거를 대야 합니다. 그렇게 해야 과하게 먹다가 배탈이 나거나 만 원이나 더 비싼 탕수육을 시켜 놓고 다 먹지도 못하는 불행이 일어나지 않습니다.

주장만 던지는 건 누구나 할 수 있습니다. 옛날 아버지들의 '작은 것으로 시켜라.' 정도의 화법이 되겠지요. 작은 것을 시켰을 때 모자랄 수도 있다거나 지난번에도 작은 것을 시켰다가 후회했었다거나 하는 상대방의 반박은 듣지 않겠다는 일방적인 소통 방식 혹은 어떤 결정을 내려도 상관없다는 식의 무관심한 태도입니다.

두 가지 중 한 가지를 선택해야 하거나 여러 가지 방법 중 최선의 방법을 정하기 위해서는 우선 선택을 해야 합니다. 그리고 선택을 뒷받침할 만한 근거가 동반되어야 하지요. 생각하지 않고는 선택도 근거도 희미해집니다. 그 과정을 글로 표현한 것이 논술입니다. 논술은 글을 잘 쓰냐의 문제라기보다 논리적으로 생각할 수 있느냐가 더욱 주요한 관건입니다. 논리적으로 생각할 수 있다면 그 생각을 글로 잘 풀어내는 것은 이후의 연습으로 보충할 수 있기 때문에 지금 완성하지 않아도 괜찮습니다.

논술 평가를 대비하기 위해 초등인 지금 아이에게 필요한 것은 생각하는 근육을 만들어 주는 일입니다. 왜 그런지, 어떻게 생각하는지, 그렇게 생각하는 이유는 무엇인지, 그렇지 않으면 어떤 일이 일어나는지, 꼭 그렇게 해야만 하는지 등의 질문에 자신만의 논리로 무장하여 답할 수 있어야 합니다. 내 주장의 빈틈을 공격해 오면 그에 맞는 새롭게 보충된 근거를 마련하여 논리를 단단하게 다져야 합니다.

생각을 조리 있게 표현하는 방식

어릴 때 장난감 코너에 드러누운 아이를 질질 끌고 간신히 돌아온 적, 있으시죠? 소리를 지르거나 울거나 장난감을 끌어안고 한 발짝도 움직이지 않습니다. 장난감을 갖고 싶은 마음을 표현하는 방식이었습니다.

당시 아이의 마음을 논리와 예를 겸비한 글로 표현하면 이렇습니다. '어머니, 그동안 저를 낳고 키우시느라 얼마나 고생이 많으셨습니까. 늘 따뜻하게 품어 주시고 사랑해 주시는 어머니의 은혜에 감사하는 마음입니다. 오늘 오랜만에 큰 마트에 들러 진열된 여러 가지 장난감들을 보고 있자니 만감이 교차합니다. 못 보던 신상도 눈에 띄고, 집에 있는 것이지만 색감과 디자인이 상당히 달라져 완전히 다른 것처럼 보이기도 합니다. 물론 집에는 이미 넘칠 만큼 많은 장난감이 있다는 것을 저도 알고 있지만 조금 더 업그레이드된 기능을 가진 것으로 하나 더 구입해 주시면 정말 감사하겠습니다.

물론, 지금 제게 이 장난감을 사 주신다면 앞으로는 자리에 앉아 밥을 끝까지 먹고, 일찍 자고, 동생도 때리지 않겠습니다. 그리고 앞으로 다시는 비슷한 종류의 장난감을 사 달라고 조르지 않겠습니다. 부디 넓은 마음으로 허락해 주시기를 기다리겠습니다.'

아이의 마음은 이렇습니다. 표현하는 방식이 서툰 것뿐입니다. 이런 식으로 흐름에 따라 논리적으로 생각하고 설득하는 과정을 말로 표현하면 토론이고, 글로 쓰면 논술입니다. 말과 글은 생각이라는 뿌리에서 출발한다는 점에서 매우 긴밀하며 토론이 먼저냐, 논술이 먼저냐를 따지기보다 중요한 것은 '일상에서 생각하는 힘'을 키워가고 있느냐입니다. 아이에 따라 말이 먼저 터지기도 하고 글이 앞서기도 합니다. 성향이고 경험에서 비롯된 일입니다.

많은 아이의 경우 말이 먼저, 글은 나중입니다. 말로는 국회의원을 해도 될 만큼 똑 부러지게 주장을 잘하는 아이도 같은 내용을 글로 쓰라고 하면 끙끙댑니다. 반대로 말수 적고 생각, 주장, 논리가 딱히 없어 보이는 표현 적고 조용한 아이가 생각을 차분히 풀어내놓는 경우도 가끔 있습니다.

두 가지 영역 모두에서 완벽한 아이는 매우 드물며, 우리 아이는 둘 중 한 유형일 텐데 어느 쪽을 기대했든 아쉬움은 있습니다.

다 가지려 하지 마세요. 아이가 가진 것을 크게 보세요. 아이도 부모님께 아쉬움이 많지만 내색하지 않는 거랍니다.

2

잘 쓴 논술의
공통점

어떤 글이 잘 쓴 논술인가에 관한 기준을 확인하고 시작하겠습니다. 논술은 다른 어느 글보다 유난히 점수, 성적과 관련성이 높다 보니 쓰긴 쓰지만 '잘' 쓰기 위한 노력도 필요합니다. 일기를 잘 쓰는 것은 칭찬받을 일, 기분 좋은 일, 자랑할 만한 일 정도이지만 논술은 입시의 한 과목이기 때문이지요.

저와 함께 학교에 오래 근무했던 부장 선생님의 딸이 지난해 수능을 망쳤습니다. (심지어 재수였어요.) 심란함을 누르며 논술 준비에 힘을 쏟았는데, 기적처럼 가장 원하던 부러워할 만한 좋은 대학에 논술 전형으로 합격했습니다. 옆에서 오랫동안 지켜봤던 입시였기 때문에 제 일처럼 기쁘고 신기한 경험이었어요.

어느 구름에서 비가 올지 모른다는 말이 있습니다. 그래서 초등인 우리 아이의 머리 위에도 몽글몽글한 구름을 띄워 주고 싶습니다. 크고 무겁고 진지한 구름 말고, 작고 가벼워 솜털 같은 구름이요. 이들 중 어떤 구름이 커지고 작아질지, 어느 구름에서 비가 올지 지금 우리는 알 수 없어요. 그러니 그저 풍선처럼 가볍게 둥둥 띄워 놔 주세요.

가벼운 초등 논술의 구름을 띄우기 위해 일반적으로 잘 썼다고 평가받는 논술의 특징을 알아볼게요. 맛집에 가서 맛있는 음식을 자주 먹어 보면 우리 집 식탁에도 슬그머니 새로운 시도가 생기잖아요. 맛있는 음식에는 어떤 재료와 양념이 들어갔는지, 맛있어 보이는 음식은 어떤 그릇과 플레이팅 기법을 사용했는지 본 적이 있어야 흉내라도 낼 수 있습니다. 어설프게 따라 하다가 어느 날 정신을 차려 보면 내 요리도 정말 많이 발전했구나 하며 대견해지는 날이 온답니다. 잘 쓴 글의 주요 특징을 아는 상태에서 어설픈 논술을 꾸준히 지속하다 보면 아이의 글이 그것과 얼핏 비슷해지는 날이 반드시 올 거예요.

공통점 1. 뚜렷한 주장

'짜장은 자주 먹어도 안 질리네. 지난주에 회사에서 점심 때 짜장면을 먹었는데, 메뉴판을 보니 또 먹고 싶다. 지난주에는 그냥 짜장을 먹었으니 오늘은 삼선 간짜장을 먹을까? 근데, 이 집 짜장은 삼선보다 일반이 맛있는데. 요새 쌀쌀해서 그런가 뜨끈한 짬뽕 국물도 확 먹고 싶네. 이 집이 짬뽕으로도 유명한데 오랜만에 해물 짬뽕도 괜찮겠지.'

읽으면서 고구마 세 개 먹은 것 같은 답답함이 들었을 거예요. 가족이 중국집에 단란하게 모여 앉아 메뉴를 고르는데 남편이 이런 말을 뱉어 놓고 TV 속 야구에 정신이 팔렸다면 남편 메뉴로 삼선 간짜장을 시켜야 할까요, 해물 짬뽕을 시켜야 할까요. 아니면 그냥 짜장을 시켜야 할까요. (시켜 주지 맙시다.)

사실, 남편의 말은 틀린 것이 하나도 없어요. 지난주에 짜장을 먹었으니 오늘은 색다른 메뉴를 먹어 보는 선택은 누가 봐도 괜찮은 결정이고, 원래 좋아하던 기본에 충실한 메뉴도 실패할 리 없습니다. 날이 추워지면 당연히 짬뽕 국물이 생각나지요. 맞는 말만 했는데, 그래서 주문을 하려는데 짜증이 확 납니다. '그래서 뭐 먹을 거냐고?'라는 퉁퉁 불은 말이 튀어나옵니다. 결론을 모르겠습니다.

논술은 이렇게 쓰면 안 됩니다. 많은 말 말고, 뚜렷한 주장이 필요합니다. 잘 된 논술의 기본은 뚜렷한 주장입니다. 기본이고 당연하고 어렵지 않은 일인데 기본이 지켜지지 않는 경우가 많습니다. 찬성이라는 건지, 반대라는 건지, 셋 중 어떤 의견에 찬성하는지 아무리 읽어 봐도 애매한 경우 말이에요. 서론에서는 누가 봐도 짜장인 것 같았는데, 본론에서 애매한 듯 싶더니 결론에 와서는 짬뽕도 나쁘지 않은 선택이라고 합니다.

논술에서는 중심이 되는 기둥인 주제가 필요합니다. 무엇을 쓸 것인가 확실하게 정한 다음에 쓰기 시작하지 않으면 도중에 이러지도 저러지도 못하여 쩔쩔매게 됩니다. 간신히 써 나가더라도 전체적으로는 무엇을 전달하려고 한 것인지 드러나지 않는 애매한 문장이 되어 버립니다. 그래서 논술은 생각한 후에 쓰기 시작해야 합니다. 둘 중 어느 쪽의 손을 들지 생각하고 결정한 후에 쓰기 시작해야 하지요.

그리고 한 번 결정하여 쓰기 시작했다면 쓰는 도중 마음이 바뀌고 근거가 빈약하게 느껴져도 밀어붙여야 합니다. 결정했으면, 결정을 논리적으로 서술하고 주장을 뒷받침할 근거를 떠올리고 정리하는 것에 집중해야 풍부하고 설득력 넘치는 글이 됩니다.

'어느 쪽이라고 말하기가 어렵다.' 또는 '이런 논쟁은 의미가 없다.'와 같은 식으로 쓰는 것은 논술과는 어울리지 않아요. 명확히 자기 입장을 밝히는 글이어야 한다는 의미입니다.

공통점 2. 주장과 근거를 논리적으로

'난 짜장.'이라는 한 마디로 끝내도 되지만 짜장을 왜 먹고 싶은지, 최근 들어 짜장을 언제 먹었었는지, 이 식당의 짜장이 어떤 면에서 맛있는지, 짜장과 탕수육은 어떤 느낌으로 조화를 이루는지에 대해 자세히 설명하면서 결과적으로 '나도 짜장!'을 외치는 것이 논술입니다. 단순히 주장만 반복하는 것으로 그치는 게 아니라, 그렇게 주장하는 이유와 관련된 근거를 논리적으로 서술하는 글이지요.

핵심은 논리입니다. 주장과 근거가 논리적으로 같은 편인 글을 써야 해요. 아무리 주장이 뚜렷한 글도 엉뚱한 근거를 갖다 붙이거나 반대 의견에 해당하는 근거를 들어 설명하면 논지가 흐려질 수밖에 없습니다. 주장에 대한 본격적인 근거를 들어 설명하는 부분이 본론이며 보통은 세 가지 정도의 근거를 들어 설명하면 최고입니다.

논술은 자유 글쓰기와 달리 일정 수준의 분량도 평가의 기준이 되기 때문에 근거를 세 가지로 잡는 경우가 많습니다. 아무리 떠올려도 두 가지가 전부라면 각 근거에 관한 사례를 추가하여 내용을 풍부하게 만드는 쪽이 낫습니다. 억지스러운 세 번째 근거는 없는 것이 나아요.

공통점 3. 친근하고 창의적인 내용

힘을 빼야 멋진 논술이 나옵니다. 논술이라고 해서 잔뜩 힘을 주는 경우가 많습니다. 일부러 어려운 한자어를 사용하고, 책에서 베낀 듯한 그럴듯한 문장을 옮겨 놓고, 공감하기 어려운 거창한 주장과 근거를 늘어 놓는 거지요. 논술은 주장과 근거가 논리적인 흐름을 가지고 물 흐르듯 전개되고 있는가가 평가 기준인데, 배경 지식 자랑하듯 아는 내용을 이것저것 늘어 놓다 끝나는 경우도 많습니다.

그래서 논술 채점하는 일은 참으로 고됩니다. 6학년을 맡았을 때 논술 대회 채점을 한 적이 있었는데, 어디에서 갖다 붙인 듯한 비슷비슷한 주장과 근거로 채워진 답안이 너무 많았습니다.

누가 나에게 내 생각을 물어봤을 때 말로 답하는 것처럼 쉽게 써야 합니다. 또, 누구나 댈 법한 틀에 박힌 이유를 대기보다는 조금 더 새롭고 창의적인 이유도 환영이에요. 읽는 사람의 시선을 잡아끌 만한 신선한 근거와 생활 밀착형 사례를 넣어 보는 연습이 필요해요. 그러기 위해서는 틀을 깨고, 엉뚱해 보이기도 하는 제한 없는 소재의 대화를 하는 것이 도움이 되기도 하지요. 이는 앞서 설명한 자유 글쓰기를 비롯한 글쓰기 전반에 골고루 도움이 되는 준비 운동이랍니다.

여기까지 읽다 보면 빠질 수 있는 몹시 무서운 함정이 있습니다. '우리 아이의 글은 왜 이런가, 왜 힘이 잔뜩 들어 있고, 창의적이지 않고, 재미도 없고, 영혼도 없는가.' 하는 불만이 생기는 거지요.

절대로 논술을 시도하는 처음부터 창의적인 답안을 기대해서는 안 됩니다. 시도하는 초기에는 형식에 충실한 글의 구조, 논리적인 근거와 그에 관한 설명이면 충분합니다. 정석이라고 할 만한 전형적인 논술을 써 봐야 더 잘 쓴 글에 도전할 수 있고 창의적인 면이 돋보이는 결과물을 기대하는 것이 가능합니다.

3

초등 논술 쓰는 법

    초등 아이가 자주 쓰는 글은 아니지만 앞으로 점점 더 많이 쓰게 될 글, 그래서 부담스럽고 어렵게 느껴지는 것이 논술입니다. 논술을 잘 쓰는 요령은 따로 있습니다. 자유 글쓰기처럼 창의력이 필요하거나 일기처럼 경험이 필수일 필요가 없기 때문에 쓰는 방법에 관한 대략적인 순서, 공식을 기억해 두면 실패하지 않습니다.

    초등 논술의 초기에는 내용과 형식, 두 가지를 잡기보다는 기본적인 형식을 갖춘 글을 쓰는 것에 초점을 맞추어야 합니다. 그래야 성공합니다. 논술의 형식을 익히고 나서 안에 담길 내용을 더욱 풍부하고 창의적으로 채우는 연습으로 서서히 옮겨 간다고 생각하세요.

초등 논술의 4단계

논술을 쓸 때는 순서가 있습니다. 이 순서대로만 하면 큰 실수, 실패는 막을 수 있어요. 저는 글을 쓸 때 일단 뭐든 쓰기 시작하라고, 거침없이 쓰라고 주장하는 사람이지만 논술만큼은 예외입니다. 생각이 먼저입니다. 충분히 생각하지 않은 상태로 곧장 글을 쓰는 방식은 논술에서는 시간 도둑이 될 수 있습니다. 생각을 정리하지 않고 무작정 쓰다가는 처음부터 다시 쓰거나 계속해서 수정을 해야 하는 상황이 생기기 쉬워요.

주어진 질문에 대한 자신의 의견이 정확히 찬성과 반대 중 어느 쪽인지, 그에 대한 세 가지 근거는 논리적으로 합리적인지, 남들이 공감할 수 있을 만한 내용인지 고려한 이후에 쓰기를 시작해야 합니다. 이게 바로 '개요 작성'의 단계입니다.

개요만 제대로 짜 놓으면 논술은 절반 넘게 완성된 거라고 생각해도 좋습니다. 개요 짜는 법은 논술 전체 단계에서 가장 중요하기 때문에 다음 장에서 자세히 설명할게요. 개요가 완성되면 본격적인 글쓰기가 시작됩니다.

초등 논술의 4단계 ✏️

단계	과제
1단계	제시문 읽고 분석하기
2단계	나의 주장 결정하기
3단계	개요 짜기
4단계	본문 쓰기

1단계. 제시문 읽고 분석하기

일반적으로 논술 문항에는 제시문이 나옵니다. 주제는 독서, 역사, 시사적인 문제들로 다양하지요. 어떤 주제의 글이 제시문으로 등장하든 정확하게 읽고 분석하는 것이 논술의 시작입니다.

'토끼와 거북이'에서 거북이의 행동에 대한 의견을 묻는 독서 논술이라면 해당 전래 동화가 제시문으로 제공될 것이고, 흥선대원군의 쇄국 정책에 관한 의견을 묻는 역사 논술이라면 당시의 상황에 대한 설명이 담긴 제시문이 제공되겠지요.

제시문을 읽으면서 무엇에 관한 글인지, 무엇을 묻는 글인지를 제대로 파악하기 위해서는 평소의 독서력이 중요합니다. 제시문에서 묻는 내용이 무엇인지 정확하게 파악하는 것이 풍부하고 논리적인 글을 쓰는 것보다 중요하기 때문입니다. 쓰기의 기본이 읽기인 이유가 여기에서 한 번 더 절절히 느껴집니다.

또, 제시문을 읽을 때는 중요하다고 생각되는 부분에 밑줄을 그어가며 읽는 습관도 도움이 됩니다.

2단계. 나의 주장 결정하기

제시문에서 묻는 질문에 하나의 입장을 선택하여 나의 주장을 결정하는 단계입니다. 찬성하는지 반대하는지 어느 한 쪽을 정하거나, 여러 가지 방법 중 한 가지 방법을 정해야 하지요.

어느 쪽을 선택하든 정답이 없는 문제가 논술의 지문으로 제시되는 경우가 많습니다. 둘 중 어느 것, 혹은 여러 가지 방법 중 한 가지를 선택해도 모든 선택에는 장점과 단점이 있게 마련이에요. 그럼에도 한 가지의 의견을 선택하여 읽는 이를 설득할 만한 논리를 펼치는 것이 논술의 핵심이지요.

주장을 결정하지 못하고 망설이는 아이에게는 어느 쪽을 택해도 괜찮다하는 허용적인 분위기가 중요합니다. 선택한 후에는 되도록 번복하지 않고 논술의 남은 단계를 밟아가는 것이 중요하다는 점도 알려 주세요.

3단계. 개요 짜기

개요는 세 단계만 기억하면 됩니다. 처음 – 가운데 – 끝. 쉽죠?
조금 어려워 보이는 용어로 표현하면 서론 – 본론 – 결론입니다.

논술 단계별 들어갈 내용 🖊

단계	포함되어야 할 내용
처음 (서론)	• 이 글을 쓰게 된 배경, 이유, 고민 밝히기 • 주제에 따른 경험, 사실, 간단한 정보 나누기 • 나의 주장을 뚜렷하게 드러내기(문제 제기)
가운데 (본론)	• 주장을 자세히 설명하기 • 주장을 뒷받침하는 근거 들어 설명하기
끝 (결론)	• 앞서 주장한 내용을 다시 정리하고 마무리하기 • 주장에 근거한 실천 방법 소개하기

(출처: 『땀샘 최진수의 초등 글쓰기』, 최진수)

논술의 초기에는 위의 형식을 참고하여 공책에 대략적인 개요
를 미리 적어 본 후에 본론을 쓰면 훨씬 완성도가 높아집니다. 물
론 개요 짜기의 과정이 익숙해지면 굳이 손으로 적을 필요 없이 머
릿속에서 정리하여 바로 본론으로 들어가기도 하지만 성급하게 진
행할 필요는 전혀 없습니다.

제대로 잡아 놓은 개요만 있으면 본론을 쓰면서 심리적으로 안정되기 때문에 개요를 짜느라 시간을 할애했음에도 오히려 본문 작성을 빠르고 수월하게 마칠 수 있습니다. 정해 놓은 틀에 본문이라는 살을 붙이기만 하면 되기 때문에 분량, 시간을 조절하기도 쉽습니다.

4단계. 본문 쓰기

 서론

논술은 그 자체로 부담이 상당한 글쓰기인 탓에 도입부인 서론부터 꽉 막히는 느낌이 드는 것이 보통입니다. 그래서 서론에 담을 내용을 공식처럼 기억하고 있으면 논술의 공포를 극복할 수 있습니다.

논술의 종류에 따라서 제시문이 동반되기도 합니다. 독서 논술이라면 책의 특정 장면이 될 것이고, 시사 논술이라면 특정 내용을 담은 기사문, 사설 등이 될 것입니다. 제시문을 읽고 맥락을 이해하여 간략하게 요약, 분석하는 내용이 들어가는 것이 바로 서론입니다. 흥선대원군의 쇄국 정책에 관한 제시문이라면 쇄국 정책의 의미, 이 정책의 역사적 배경에 관한 간략한 서술이 들어갈 수 있겠지요.

논술 전체를 이끌어 갈 나의 주장을 뚜렷하게 드러내는 것도 서론의 역할입니다. 근거는 본론에서 자세히 서술하되, 주장은 서론에서 정확하게 표현해야 합니다.

본론

본론은 생각보다 간단합니다. 논술을 써 본 경험이 있다면 이해하겠지만 그럴듯하게 시작해야 한다는 부담감 때문에 서론이 막막한 것일 뿐, 본론은 간단합니다. 이미 서론에서 나의 의견을 주장한 상태이기 때문에 그를 뒷받침할 근거를 풀어 설명하면 됩니다. 먼저 서론에서 제시한 주장을 더욱 자세하고 논리적으로 설명한 뒤, 주장을 뒷받침하는 근거를 세 가지 정도 들어 설명하면 됩니다. 정리하면 아래와 같이 간단하게 표현할 수 있습니다.

> **본론**   뚜렷한 주장 + 근거 세 가지

근거를 세 가지씩 들기가 버겁다면 두 가지도 괜찮습니다. 반복되는 내용이나 억지스러운 근거로 세 가지를 끼워 맞출 필요는 없답니다.

📖 결론

본론에서 했던 주장과 근거를 간략하게 정리하는 단계입니다. 결론에서 갑작스럽게 반론을 제기하거나 논리적인 흐름을 깨는 사례를 들지만 않는다면 무난하게 마무리할 수 있습니다. 단순 정리와 마무리만으로는 허전함이 느껴지거나 분량이 조금 더 필요하다면 본론에서의 주장을 실천으로 옮길 방법을 한두 가지 정도 소개하면 적당하답니다.

4

분야별 논술,
엄마표로 시도하는 법

　자, 그럼 이제 실제로 논술을 어떻게 쓰면 좋을지 분야별로 살펴보겠습니다. 만만치 않게 느껴지겠지만, 기본 틀만 기억하고 있으면 못할 것도 없는 것이 논술입니다.

　초등 고학년 엄마임을 확인하는 용어가 몇 가지 있는데, 바로 '독서 논술', '역사 논술', '시사 논술'입니다. 초등 중학년 이상의 엄마들 사이에 오가는 전문 용어로 뭔가 확 어려운 느낌과 긴장감을 줍니다. 저학년 때는 일기만 잘 써도 소원이 없었는데, 중학년이 되면서 전에 없던 생소한 용어들이 들려오기 시작하더니 고학년이 되면 주변에서 하나둘 논술 수업을 시작한다고 하니 불안해집니다.

　뭐든 시간적, 경제적 여유가 허락되고 아이가 원한다면 배워서 나쁠 일은 아니지만 초등 고학년은 너무 바쁩니다. 대단한 공부를 하는 것도 아닌데 영어, 수학만으로도 일주일이 빽빽하고 자는 시간은 자꾸 늦어집니다. 여기에 논술 수업을 추가한다는 것은 시간적, 경제적으로 부담스러운 게 현실입니다.

그래서 집에서 방학, 주말, 온라인 수업 등 틈을 내어 엄마표로 시도해 보면서 감을 잡아 봤으면 합니다. 방법을 분야별로 하나씩 알려 드릴게요. 엄마표 방법이 가능한 이유는 초등 교육과정에서 다루고 있어 아이가 학교 수업을 통해 이미 경험하고 있기 때문입니다. 전혀, 굉장히, 별나게, 특별한 글쓰기가 아니라는 거지요. 이름이 거창해 보일 뿐 이미 써 봤거나 앞으로 쓸 글이랍니다.

엄마표로 시도하기 위해서는 개요 짜기를 위한 기본 틀의 도움이 유용합니다. 초등 논술을 위한 양식을 공유해 봅니다. 이 양식역시 네이버 카페 "슬기로운초등생활"에서 확인하세요.

초등 논술 양식 예시 🖊

주제	
제목	

처음 (서론)	• 이 글을 쓰게 된 배경, 이유, 고민 밝히기 • 주제에 따른 경험, 사실, 간단한 정보 나누기 • 나의 주장을 뚜렷하게 드러내기(문제 제기)
	주장

가운데 (본론)	• 주장을 자세히 설명하기 • 주장을 뒷받침하는 근거 들어 설명하기
	근거 1
	근거 2
	근거 3

끝 (결론)	• 앞서 주장한 내용을 다시 정리하고 마무리하기 • 주장에 근거한 실천 방법 소개하기

독서 논술

> ❀ **개념**
>
> 읽은 책의 특정 장면, 인물의 행동, 사건 등의 맥락을 이해하고
> 파악한 뒤, 그에 관한 나의 의견을 주장하고 주장을 뒷받침할
> 만한 근거를 들어 설명하는 논설문의 한 갈래.

독서록을 써 본 아이라면 누구나 독서 논술에 도전할 수 있습니다. 책을 읽고 나서 책의 내용을 바탕으로 생각해 볼 만한 질문에 관한 답을 글로 표현하는 것이라고 생각하면 쉽습니다.

이미 아이가 읽었던 책, 읽고 있는 책에서 논제를 끌어낼 수 있기 때문에 별도의 준비가 필요 없다는 점이 독서 논술의 장점입니다. 독서 논술이 반드시 성공하는 요령은 내용을 훤히 알고 있는 책을 고르는 것입니다. 아이와 엄마가 함께 읽었거나 어린 시절부터 읽어 주던 우화, 전래 동화, 위인전, 창작동화 등에서 골라 보게 하면 실패할 확률이 거의 없습니다.

'토끼와 거북이'라는 이솝 우화를 읽었다면 그에 관한 자신의 느낌을 독서록으로 쓸 수 있을 겁니다. '토끼가 교만했다.', '거북이가 성실해서 칭찬해 주고 싶다.', '나는 토끼처럼 살지 않고 거북이

처럼 살고 싶다.' 등 아이가 책을 읽은 느낌을 자유롭게 적으면 그것이 바로 독서록입니다.

　여기서 딱 한 발만 더 가면 독서 논술이 됩니다. '토끼가 잠든 것을 알면서도 깨우지 않고 지나간 거북이의 행동은 좀 치사하지 않은가.', '거북이의 승리는 완전한 승리로 해석할 수 있는가.', '토끼가 이런 실수를 되풀이하지 않기 위해서는 어떤 노력이 필요할까.', '이 승부의 결과는 공정했다고 생각하는가.' 등 정답은 없지만 한 번쯤 생각해 볼 만한 가치에 관한 질문을 던져 이야기를 나누고 생각을 정리하여 글로 쓰면 그게 독서 논술입니다.

책 제목	독서 논술 예시 논제
심청전	아버지를 위해 목숨을 버린 심청이의 행동은 아버지에게도 가장 좋은 선택이었을까?
토끼와 거북이	토끼가 자는 모습을 보고도 깨우지 않고 지나쳐 버린 거북이의 행동은 바람직할까?
홍길동전	가난한 사람들을 위해 도적질을 하는 홍길동의 행동은 옳은걸까?

시사 논술

2020년을 힘차게 시작해 보려던 즈음, 중국의 어느 지역에서 갑작스럽게 시작된 코로나바이러스감염증-19를 기억할 거예요. 먼저, 짧지만 진심을 담아 위로와 격려를 드리고 싶어요. 불안한 상황에서 가족의 건강과 생계를 지키기 위한 부모의 애씀이 그 어느 때보다 힘겨웠던 한 해를 보냈습니다. 모두 고생 많으셨습니다.

온라인 수업, 경기 불황, 사회적 거리 두기 등으로 답답하고 긴 시간을 보내야 했지만 나쁜 점만 있었던 건 아니었어요. 눈만 뜨면 들려오는 코로나 관련 뉴스 덕분에 세상 돌아가는 일에 별다른 관심이 없던 초등 아이들의 시사적인 관심이 높아졌습니다. 뉴스 내용이 나와 가족의 일상에 밀접한 영향을 주었기 때문에 아이들이라고 할지라도, 다 이해할 수 없더라도 궁금해하기 시작했습니다.

'사회적 거리 두기 2단계 격상'이라는 헤드라인의 뉴스 보도를 보면서 등교 일수가 어떻게 달라질 것인지, 도서관에 앉아 책을 읽는 것은 가능한지, 학원 수업이 온라인으로 바뀌는 건지, 마스크를 쓰지 않으면 벌금을 얼마 내야 하는지 등 지금 우리 사회의 현안이 일상과 직결되는 신기한 경험을 했습니다. 뉴스에는 어른들이 관심 있는 재미없고 어려운 정치, 경제 이야기만 나오는 줄 알았더니 코로나 덕분에 온 가족이 뉴스를 보며 대화가 깊어집니다.

이런 상황을 적극적인 시사 논술의 기회로 활용해 보세요. 아이와 함께 뉴스를 보면서 코로나 백신이 개발되어 접종을 시작한다면 어떤 사람들이 먼저 맞아야 할까, 일일 확진자 수에 따라 사회적 거리 두기의 단계를 조정하는 것은 합리적일까, 마스크를 쓰는 것은 개인의 선택인데 벌금을 부과하는 이유는 무엇일까, 국가 예산으로 지급하는 재난 지원금을 전 국민에게 균등하게 지급하는 것과 소득에 따라 차등 지급하는 것 중 어떤 방법이 경제난 극복에 도움이 될까 등에 관한 대화를 시도해 볼 수 있어요.

이때 아이의 입이 쉽게 열리지 않는다면 부모가 먼저 의견을 표현해 보는 게 좋아요. 찬성이든 반대든, 혹은 제3자의 의견이든 상관 없어요. 정답을 찾기 위한 과정이 아니니까요. 아이가 내 말을 그대로 따라 할까 싶어 아이가 먼저 의견을 내기를 기다릴 필요도 없어요. 모든 것의 시작은 모방입니다.

이렇게 부모님이 의견을 먼저 제시하면 그에 관한 찬성, 반대의 의견을 표시하기 시작하는 것으로 우리 집만의 시사 토론이 시작되는 거예요. 토론에서 나누었던 내용을 글로 정리해 보는 과정, 알고 보면 내 아이도 할 수 있는 시사 논술입니다.

또 하나의 방법은 신문 기사를 읽고 쓰는 방법이에요. 종이 신문의 기사 하나를 선택해 공책 왼쪽에 오려 붙이고 오른쪽에는 기사 내용에 관한 아이의 생각을 쓰게 하는 거지요. 인터넷 기사 중 아이가 관심 보이는 기사를 골라 출력해서 활용해도 좋습니다.

영역	시사 논술 예시 논제
정치	코로나로 인한 경제 불황, 재난 지원금은 전 국민에게 똑같이 지급되어야 할까?
교육	초등학생이 스마트폰에 중독되지 않기 위한 방법에는 어떤 것이 있을까?
환경	지구 온난화를 막기 위해 실천할 수 있는 방법에는 무엇이 있을까?

역사 논술

❀ **개념**

역사의 한 사건, 인물의 역사적인 맥락을 이해하고 파악한 뒤,
그에 관한 나의 의견을 주장하고 주장을 뒷받침할 만한 근거를
들어 설명하는 논설문의 한 갈래.

사회 교과에서 한국사가 등장하는 시기는 5학년 2학기이기 때문에 부지런한 엄마들 사이에서는 4학년 정도부터 역사 논술이라는 수업에 관한 정보가 오갑니다. (뭐가 이렇게 끝도 없이 계속 나오는지요.) 휩쓸리지 마세요. 학교 수업을 통해 역사적인 내용을 배우고 기억하는 것이 기본이기 때문에 앞서 시작한다고 대단히 큰 성과를 기대할 수 있는 것도 아니까요.

역사 논술은 대한민국 역사에서 무슨 일이 언제 일어났는지 전체적인 흐름을 배운 후 그 속도에 맞춰 시작해도 충분합니다. 빠르면 5학년이라는 의미예요. 아이가 특별히 역사에 관심이 많아 저학년 때부터 역사책을 찾아볼 정도였다면 조금 더 빠른 시기에도 가능하겠지만 대화, 토론 정도만으로도 충분하답니다.

역사 논술이라는 시도를 하고 완성도 있는 글로 표현해 내는 것

은 역사적 사실과 글쓰기 경험이 아이 안에서 충분히 익고 버무려져야 가능한 일입니다. 역사책은 맨날 보면서 역사 논술은 못 쓴다고 조급해할 일이 아니에요.

시대	역사 논술 예시 논제
고조선	고조선 시대에는 '살인한 자는 사형에 처한다.'라는 법이 있었다. 이 법은 적당한 정도의 처벌이라고 생각하는가?
신라	신라는 삼국통일을 위해 당나라의 도움을 받았다. 당나라의 도움으로 이룬 삼국통일은 정당한 방법이었다고 생각하는가?
조선	흥선대원군의 쇄국 정책은 옳은 정책이었을까?

논술 사교육 프로그램 활용하기

초등 글쓰기는 매일 꾸준히 쓰기, 그것 말고는 왕도가 없습니다만 도저히 엄마의 말이 먹히지 않는 아이에게 매일 쓰게 하는 것은 정말 어렵습니다. 사교육은 의존하지 말고 활용해야 합니다. 적절히 지혜롭게 활용하되, 언제든 아이가 힘들어할 때는 다시 가정에서 이어갈 수 있도록 모든 걸 학원에 맡겨 버리지는 않았으면 합니다. 반대로, 집에서 즐겁게 쓰던 아이가 전에 없이 반항하기 시작했다면 친절한 선생님과 즐겁게 글쓰기를 다시 시작해 볼 만한 수업으로 연결해 주는 것도 부모의 일이겠지요.

글쓰기 교육의 중요성이 강조되면서 논술, 글쓰기 등의 사교육 프로그램의 종류도 눈에 띄게 다양해지고 있습니다. 작게는 동네 상가의 소규모 논술 공부방부터 대형 학원, 그룹 방문 수업, 개인 과외, 학습지 수업, 온라인 수업 등 선택지가 많습니다. 최고의 선택은 불가능하겠지만, 아이의 성향과 상황에 맞는 최선의 선택은 누구나 가능합니다. 논술, 글쓰기 사교육을 고려할 때의 기준을 살펴보겠습니다.

글쓰기의 경험이 충분하지 않거나, 안타깝게도 글쓰기의 기본 습관이 만들어져 있지 않은 상태에서는 수업을 오가는 시간, 숙제하는 시간, 수업료 등을 쓴 것에 비해 얻을 것이 많지 않습니다. 적기에 보내서 최고의 효과를 얻어내는 것을 사교육 선택의 원칙으로 생각했으면 좋겠어요. 너무 많은 아이가 꼭 필요하지도 않고 지금이 아니어도 될 학원에 다니느라 책 읽을 시간도 없이 종일 바쁘고, 너무 많은 엄마가 늘어나는 아이 학원비 때문에 우울합니다. 어떤 과목도, 어떤 습관도 들인 시간과 비용에 정비례한 결과를 가져다주지는 않습니다. 안 하는 것보다 낫지 않겠냐는 마음으로 보내기도 하는데, 그렇게 쓰는 아이의 시간과 엄마의 돈이 저는 너무 아깝습니다. 제 시간도, 제 돈도 아니지만 아까워 죽겠습니다. 그 시간에 초등 아이는 운동하고 책 읽는 게 남는 거고, 그 돈으로 가족이 더 맛있는 음식 먹으며 일상의 여유를 느꼈으면 합니다.

수업에 보낼 만한 수준인지, 보냈을 때 보낸 만큼의 효과를 기대할 수준인지에 관해 점검해 볼 만한 기준을 알려드리겠습니다. 완벽히 준비될 때까지 기다려야 하는 것은 아니지만, 기본적인 상황과 습관이 되어 있지 않은 상태의 아이를 수업을 통해 해결하기 위해 보내는 것은 득보다 실이 많을 수 있답니다.

물론 수업을 통해 부족한 영역을 채울 수는 있겠지만, 준비가 되지 않아 효과를 보기 어려운 아이의 부족함은 수업이 아닌 매일의 글쓰기 습관으로도 가능하다는 점을 기억하세요.

1	매일 책을 읽는 습관이 자리 잡혀 있는가?
2	매일은 아니지만 정기적으로 꾸준히 글을 쓰고 있는가?
3	혼자 한 쪽 정도의 글을 쓸 수 있는가?
4	글쓰기 수업을 추가해도 방과 후의 일정에 무리가 없는가?
5	글을 더 잘 쓰고 싶어 하는 마음이 있는가?
6	일기의 주제를 정하고 본문까지 완성할 수 있는가?
7	글 쓰는 것에 큰 거부감이 없는가?
8	자기가 쓴 글 덕분에 성취감을 느끼고 있는가?
9	글을 써서 칭찬받아 본 경험이 있는가?
10	글 한 편을 완성하는 데에 30분 정도면 가능한가?

초등에서 시작하는 영어 글쓰기

영어 글쓰기 영어 단어를 이용해 영어 문장을 만들고 의미가 담긴 내용으로 완성한 글. 일기, 에세이, 편지 등 한글 글쓰기처럼 다양한 형식이 있으나 초등에서는 일기로 시작하여 에세이로 발전시키는 것이 보통임.

초등 엄마들 사이에 영어 글쓰기에 관한 관심이 부쩍 높아지고

있습니다. 아무리 다시 생각해 봐도 부담스러운 영어 글쓰기.

어디서부터 어떻게 접근할 지에 관한 고민과 해결책,

지금부터 하나씩 시작해 볼까요?

1

초등에서 영어 글쓰기가
무슨 소리

영어 글쓰기. 와, 진짜. 부담스럽습니다. 노느라 하루가 짧은 우리 집 초등 아이는 간신히 더듬거리며 영어책을 읽는 것도 힘들어하고, 쓰기라면 한글로 써도 영 못 봐줄 수준인데, 영어 글쓰기라니요. 그것도 초등에서 말입니다. 이게 또 무슨 사교육, 조기교육 조장하는 불안한 이야기일까요? '나는 그런 거 안 시킬 거야.' 하며 호기롭게 흘려 버리고도 싶지만 아쉽게도 그리 간단치가 않아졌습니다. 앞집 아이도, 옆집 아이도 영어로 쓰고 있으니 말이에요. 웬만한 아빠, 엄마보다 잘 씁니다. 요즘 영어 학원에서는 그 어느 때보다 집중해서 영어 글쓰기 훈련을 시키고 있고요.

교실에서 쉬는 시간에 안 놀고 책상에서 열심히 무언가를 하는 아이들은 대부분 영어 학원 숙제를 하는 경우가 많습니다. 이전의 숙제가 단어 암기, 문제집 풀기 정도였다면 어느 때부터인가 영어로 글 쓰는 숙제를 하는 아이들이 눈에 띄기 시작했어요. 아이들이 영어로 쓴 글을 보면서 저도 속으로 엄청 놀랐지요. 아이들이 이렇게까지 똑똑한데 나만 몰라봤던 것인가, 아니면 영어 학원 수업의 힘이 이렇게까지 엄청난 것인가.

다시 생각해도 그날은 참 충격적이었습니다. 제 큰아이가 4학년일 때 우연히 아이 친구가 학원 숙제로 써 놓은 영어 에세이를 본 날이었어요. 충격의 여파가 일주일은 꼬박 갔습니다. 엄마표로 근근이 이어가며 영어책 읽기의 슬럼프에 빠져 오도 가도 못하던 시절이라 그 충격은 더 생생했습니다. 그 친구는 서울대 갈 것 같고, 우리 애는 인서울도 어림없을 것 같은 격차를 느끼고 힘이 빠져 집에 돌아왔습니다.

제가 장점이 많은 사람이긴 하지만 그중 아이 공부에 도움이 됐던 결정적인 장점은 위기가 느껴지는 순간에 근거 없는 긍정을 한다는 점이에요. 저는 그간 몰랐던 아이의 새로운 공부를 알게 되면 '그 아이들이 하니까 우리 아이도 뒤질 수 없다.'라는 생각보다 '저 아이들이 하고 있다면 우리 아이도 할 수 있다는 것 아닌가.'라며 못하는 것이 아니라 안 했던 것뿐이라고 긍정적인 척을 합니다.

재수 없어 보이겠지만 빠듯한 생활비에 아픈 엄마였던 제가 두 아이 공부를 남들만큼 시키는 시늉이라도 하기 위해서는 이런 나름의 노력이 필요했습니다. 아이를 바라볼 때는 언제나 '놈들이 지금껏 안 해서 그렇지, 하기만 하면 못 할 것도 없다.'라는 희망을 놓지 않았지요. 그러고는 어떻게 하면 과하지 않게 조금씩이라도 시도해 볼 것인가에 관한 방법을 고민했습니다.

시작을 결심하려면 명확한 이유가 필요해요. 초등에서 영어로 글쓰기를 경험해 보는 것의 의미, 그것이 아이의 공부에 어떤 긍정적인 영향을 줄 수 있는지에 관한 저만의 분명한 답이 필요했습니다. 남들이 하니까 하는 것 말고, 왠지 해 두면 좋을 것 같아서 하는 것 말고, 시간 쪼개고 노력 들여서 해 보려고 할 때는 목표와 이유가 분명해야 흐지부지되지 않습니다.

영어 글쓰기, 정말 필요한가요?

영어 글쓰기, 정말 필요한가요? 네, 필요합니다. 갑자기 불안하면서 한숨 나올 텐데, 조금만 더 읽어 보세요. 초등에서 영어 글쓰기가 필요한 이유를 찬찬히 하나씩 생각해 볼게요. 뭐가 필요한지 모르고, 생각지도 않고 있다가 뒤늦게 알게 되어 나만 몰랐던 것을 깨닫고 당황하여 다짜고짜 학원부터 알아보는 것보다는 당장 시작하지는 않을망정 미리 알고 있으면 좀 낫습니다. 여유가 있지요.

영어로 글을 쓰는 초등 아이가 늘어나고 있습니다. 학년도 점점 낮아지고 있고요. 대형 어학원을 중심으로 경쟁하듯 영어 글쓰기 과정, 수업, 과제가 확대되면서 초등 영어의 필수 과정으로 여겨지고 있어요. 쓰기는커녕 제대로 읽지도 못하는 아이의 엄마는 쫓아오는 듯한 불안감에 편히 잠들기는 글렀습니다. 과열된 영어 사교육 시장의 상징과도 같은 영어 글쓰기 과정이 초등에서 필요하다고 했는데, 정확하게 구분할 필요가 있습니다.

초등 시기의 아이에게 필요한 것은 영어 글쓰기를 위한 어학원 수업이 아니라 영어 글쓰기의 '경험'입니다. 완벽한 결과물을 위해 과하게 달릴 시기가 아니라 영어로도 글을 쓸 수 있다는 걸 경험하고, 완벽하지는 않지만 영어 문장을 스스로 만들어 보는 경험을 통해 영어 자신감을 유지하는 것이 초등 시기 영어 글쓰기의 핵심이고 필요한 이유입니다.

본업과 부업

당장 중학생이 되면 영어 문장으로 답안을 채우는 수행평가를 만나게 될 거예요. 결국 몇 년 안에 영어로 쓰는 일은 일상이 될 거고요. 그때를 미리 대비하여 그 수준으로 만들겠다는 높은 목표가 아니라, 언젠가 필요할 것 같아 어떻게 하는 건지 부담 없이 경험하게 해 주자 정도의 느낌으로 시작해 봤으면 좋겠어요.

한글 글쓰기가 초등의 본업이라면 영어 글쓰기는 부업인 거죠. 월급만으로 생활하고 집 사기 힘들어진 직장인들이 나름의 상황에 맞게 부업을 병행하기도 하는데, 체력과 시간이 허락한다면 나쁘지 않은 선택일 수 있어요. 본업인 한글 쓰기에 자신감이 있고 쓸 만한 시간이 있다면 중학교 내신 점수를 위해 급하게 과외와 학원 수업에 의존하기보다 지금부터 조금씩 노출해 줄 방법을 찾아보자는 거예요.

다만, 부업을 병행하는 직장인이 본업에 지장을 주는 무리한 부업의 확장을 걱정해야 하는 것처럼 초등이기 때문에 한글 글쓰기 습관을 자리 잡는 일에 훨씬 더 많은 에너지를 쏟아야 해요. 초등 아이가 지금 영어 글쓰기를 잘하면 어디 가서 자랑할 일은 많겠지만 결국 한글 글쓰기 때문에 발목이 잡힐 수 있어요. 결과적으로 놓고 보면 뭐가 더 중요하고 더 빠르고 더 확실한 길인가에 관한 고민은 아무리 해도 지나침이 없습니다.

색다른 종류의 성취감

아이들이 모르는 것처럼 보이고 아무 생각 없는 것처럼 보여도 실은 다 알고, 다 느끼고 있다는 걸 알게 된 것이 제가 오랜 교직 생활에서 얻은 큰 수확이에요. 덕분에 제 아이들을 인격적이고 성숙한 존재로 대할 수 있음이 참으로 다행스럽습니다. 이 소중한 것을 저만 알고 있기 미안한 마음에 더 많은 분과 공유하고 싶어 책을 쓰고 강연을 하고 있습니다.

아이를 움직이는 힘, 뭐라도 해 보려고 시도하는 힘은 성공 경험에서 나옵니다. 성공해 본 아이는 또 시도해요. 성공했을 때만 느낄 수 있는 짜릿한 성취감을 똑똑히 기억하기 때문입니다. 이 맛을 알아 버린 아이는 시키지 않아도 할 수 있는 것, 할 만한 것, 하고 싶은 것을 찾아 움직입니다.

성취감을 주는 영역이 공부일 수도 있지만 초등 시기에는 운동, 악기, 게임, 놀이, 친구, 춤, 노래 등으로 다양하고 제한이 없습니다. 그게 초등 시기만의 매력입니다.

분야가 무엇이건 상관없이 자발적인 시도에서 성공을 경험해 본 아이는 그것을 통해 얻은 성취감과 자신감을 입시 준비에 쏟아붓는 중고등학생으로 성장하게 됩니다. 공부하라는 잔소리가 필요 없는 거예요. 목표를 위해, 성공을 위해 스스로 노력하기 시작하면서 부모는 끼니마다 고기 볶아 주는 일에만 집중하면 됩니다.

남들 다 쓰는 한글 글쓰기 말고 영어로 글을 썼다는 사실로 스스로 엄청 칭찬하고 있습니다. 으쓱으쓱합니다. 그럴 때 장단 맞춰 줘야 합니다. 이런 종류의 성취감은 돈 주고 못 사요. 아무것도 안 하겠다고 버티는 무기력해진 아이에게는 백만 원짜리 과외도 힘을 쓰지 못해요. 그렇게 되기 전에 지금 장단 맞춰 주세요.

수학문제집은 풀고 나면 채점을 하고, 여간해서는 만점이 나오지 않습니다. 한글 글쓰기는 한눈에 봐도 잘 썼는지 별로인지 티가 납니다. 공부는 아무리 열심히 해도 단원평가에서 백 점 맞기가 쉽지 않고, 아무리 외워도 외워야 할 영어 단어가 수백 개 남아 있습니다. 초등 아이가 아무리 열심히 해도 공부에서 성취감을 얻기 어려운 구조입니다. 그런 힘 빠지는 일상에서 영어로 뭐라도 쓰기만 하면 그럴듯해 보이고 칭찬이 쏟아지는 공부라면 한번 도전해 볼 만하지 않을까요? (아이가 영어로 쓴 글에 대해 아무것도 지적하지 않겠다는 결심이 확고하다면 말입니다. 아마 깜짝 놀라게 될 거예요. 너무 못 써서.)

2

영어 글쓰기를 시작하기 위한 세 가지 조건

영어 글쓰기는 초등 엄마의 로망인 탓에 준비되지 않은 아이에게 떠밀듯 강요하는 경우가 많습니다. 물론 저도 그런 엄마였어요. (욕심은 많은데 시행착오가 너무 잦아서 저희 아이들은 고생을 유난히 많이 하며 자라는 것 같아요.) 일찍부터 욕심 부린 덕에 얻은 것보다 잃은 게 훨씬 많았지요. 부디 제가 겪었던 시행착오를 반복하지 않으셨으면 좋겠어요.

제가 준비되지 않은 아이를 붙들고 일찍 시도한 것은 (정확히 말해 일찍 덤비다가 망한 것은) 모두 그 아이 때문이었습니다. 1학년 담임을 할 때였는데, 눈에 띄게 성장이 빠르고 모든 면에서 두드러지게 우수한 여자아이가 있었어요. 입학식 날부터 포스가 남다르더군요.

5월 스승의 날이 되어 제게 편지를 내미는데 이런, 영어 편지였습니다. 더 놀랐던 것은 편지글 속에는 제가 처음 보는 단어도 있었으며 문장이 완벽했다는 사실이었습니다. '띵' 했습니다. 한 살 어린 저희 큰아이가 알파벳도 못 읽던 중이라 더 '띵' 했습니다. 우리 아이도 이런 놀라운 수준의 아이와 경쟁을 하게 되겠구나 하며, 어차피 망한 건가 싶은 마음이 들어 힘이 빠졌습니다. 아는 게 병이었어요. 지나고 보니 그렇게까지 절망하고 조급할 일이 아니었는데 말이에요.

어른도 움찔할 노릇인 영어로 글 쓰는 일을 초등에서 시도하기 위해 가장 필요한 것은 '엄마의 여유'입니다. 서두른다고 되는 일이 아니에요. 아무리 급해도 이유식이 끝나야 밥을 먹을 수 있는데, 옆집 애가 맨밥을 시작했다고 8개월 된 아이에게 김을 싸 먹이는 느낌의 조급한 엄마가 많습니다. 그런다고 아이가 눈에 띄게 훌쩍 자라거나 이후부터 어른 반찬을 거뜬히 먹어치우게 되지도 않는데 말이에요. 아이만 고생이에요. 아이가 공부 때문에 스트레스 받는 모습을 보일 때면 안쓰럽고 짠한 마음 드시죠? 그렇다면 괜히 자는 아이 쓰다듬으며 미안해하지 말고 눈 뜨고 있을 때, 낮에 좀 잘합시다. 넘치는 힘을 조절합시다.

엄마가 미리 알고 준비하는 것은 필요하고 유익한 일이지만 거기에서 멈추세요. 아이의 지금 상황이 충분한지 하나씩 점검해 보

세요. '하긴 해요.' 정도가 아니라 '편안하게 꾸준하게 하고 있어요.'
라고 답할 수 있다면 그때 도전해도 늦지 않습니다.

한글 글쓰기를 할 수 있다

모국어로 쓸 수 있어야 외국어 쓰기가 가능합니다. 뭐 이렇게
당연한 소리를 하나 싶겠지만 놀랍게도 정말 많은 아이가 한글 글
쓰기가 서툰 단계에서 영어 글쓰기를 시작하게 됩니다. (물론, 본인
의 의지는 아니겠지요.)

초등 엄마라면 가슴에 손을 얹고 정직하게 돌이켜 보면 좋겠어
요. 나는 아직 한글도 서툰 우리 아이가 영어로도 무언가를 좀 썼
으면 좋겠다고 생각한 적이 없었는가를 말이에요. 내 아이니까, 조
금 더 잘하기를 바라니까, 이왕이면 좀 앞서가기를 바라니까, 잘할 거
라 기대하니까 영어 글쓰기는 욕심 나는 영역입니다.

영어책 읽기가 충분해지면 그때 시작해도 늦지 않아요. 영어를
읽은 과정은 결국 영어로 쓸 수 있게 만들어 주는 수단이기도 했던
거예요. 이제 갓 읽기 시작한 아이에게 쓰기를 강요할 수는 없지만,
언젠가 쓰게 될 아이를 위해서는 읽기에서 쓰기로 확장하는 방법
을 미리 알아두는 것이 좋아요. 아직 제대로 읽지도 못하는데 쓰기
가 가능할까 싶지만 충분히 읽은 아이들은 생각보다 훨씬 빠르게

쓰기를 시작하게 됩니다. 한글 읽기 독립이 된 아이가 조금만 지도해 주면 일기를 쓰기 시작하는 것과 같은 원리이지요.

연필, 색연필을 잡고 무언가를 쓰고, 그리고, 끄적거리는 것이 익숙하고 편안해야 영어로 쓸 수 있어요. 한글 쓰기가 너무 싫지 않아야 영어 쓰기가 자연스럽습니다. 그러다 보니 자연스럽게 적정 학년을 생각해 보게 되는데, 빠르면 초등 2학년, 늦으면 초등 5, 6학년이 되면 그간 써 왔던 한글 쓰기 경험을 살려 영어 글쓰기를 시도해 볼 수 있습니다.

뜻을 이해하고 재미있게 읽는 영어책이 있다

영어로 무언가를 쓰기 위해서는 단어를 몇 개라도 알아야 합니다. 또, 영어로 된 문장이 대략 어떤 구조로 만들어지는지를 알고 있어야 합니다. 그래야 흉내라도 내지요. 챕터북 이상의 높은 수준의 영어 독서가 뒷받침되어야만 영어 글쓰기를 시작할 수 있는 것은 아니에요. 아주 쉽고 유치한 내용이라고 해도 영어책에 사용된 영어 문장을 이해하고 그것과 비슷하게 문장을 만들어 보는 경험에서 출발해야 합니다.

시작하기 두려운 아이에게는 영어책을 그대로 베껴 쓰는 영어책 필사의 과정도 도움이 됩니다. 이때에도 필요한 것이 쉬우면서도 재미있는 영어책 한 권이랍니다. 그 책을 반복해서 보다가 눈에 익은 문장이 생기면 그 문장과 똑같이, 혹은 비슷하게 뭐라도 쓸 수 있게 되지요. 좋아하는 책 한 권을 소리 내어 읽고 그 뜻을 이해할 수 있다면 써 볼 수 있을 거예요.

엉망으로 써도 실망하지 않을 자신이 있다

아이가 처음으로 쓴 영어 일기를 보면 기가 막힐 겁니다. 영어책을 곧잘 읽던 아이, 똑똑한 줄 알았던 아이라서 내심 기대를 했을 거예요. 하지만 기대는 보기 좋게 빗나갈 거예요. 단어, 문장 모두 엉망이고, 맨날 영어 독서 한다고 폼 잡던 놈이 맞나 싶으실 거예요. 그게 정상이에요.

핵심은 아이가 '엉망으로 쓴 첫 영어 일기에 실망하는 내색을 보이지 않을 자신이 있는지'입니다. 생각보다 많은 엄마들이 아이의 첫 시도에 실망을 숨기지 못하고, 왜 이 정도밖에 못하냐고 되묻고, 문장이 이게 뭐냐고 나무랍니다. 난생처음 영어로 글을 쓴 아이는 부끄럽기도 하고 자랑스럽기도 한 마음에 칭찬을 기대했는데 실망스러운 부모님의 반응에 기가 죽습니다.

시작이 반이에요. 시작한 아이를 더 격려하고 응원하여 매일 쓰게 만들어야 제대로 쓰는 수준까지 갈 수 있어요. '옆집 아이는 영어로 에세이를 쓴다던데.'라며 비교하고 기죽여서 얻게 되는 것은 무엇일까요? 지금 영어로 글 쓰는 수준은 아이 전체 인생으로 생각하면 먼지보다 작은 수준 차이일 뿐이에요. 욕심과 기대를 내려놓고 아이의 성취를 격려해야 발전합니다. 엉망으로 써 온 공책을 들고 감동하고 칭찬을 퍼부을 준비가 되었다면 영어 일기를 시작해도 좋습니다.(출처:『초등 완성 매일 영어책 읽기 습관』, 이은경)

3

영어 글쓰기를
시도하는 방법

한글을 떼고 한글책을 더듬더듬 읽고 자기 이름을 쓰고 그림 일기를 쓰던 아이의 모습을 떠올려 보세요. 그 모든 과정이 영어에도 똑같이 적용된다는 원리를 기억하며 인내심을 가지고 꾸준히 하도록 습관을 만드는 일에 시간과 노력을 투자해 주세요.

쉬운 영어책 따라 쓰기

책 속 문장을 그대로 따라 쓰기는 한글 글쓰기에도 활용되는 훌륭한 글쓰기 훈련 방법이에요. 스스로 문장을 만들어 내기 곤란한 영어 글쓰기에서는 더욱 강력한 효과를 발휘합니다. 귀로 듣고 입으로 말하고 눈으로 읽어 왔던 문장들을 하나씩 따라 쓰는 것은 스스로 생각한 것을 영어로 표현하는 일에 단단한 바탕이 될 수 있어요.

이때 따라 쓰기를 위한 영어책 선택이 성공의 비결이에요. 부모의 욕심으로 어려운 책, 내용의 절반 이하밖에 이해하지 못하는 책, 아이의 관심사, 흥미가 반영되지 않은 책은 따라 쓰기를 아무리 열심히 해도 자발적인 글쓰기로 연결되기 어렵답니다.

지나치게 쉬운 책을 골라 보세요.

100%에 가까울 정도로 이해도가 높으며 아이가 평소 가장 좋아하던 책, 모르는 단어가 좀 있기는 하지만 전체 내용을 훤하게 알고 있는 책으로 시작해 주세요. 아이에게서 '이렇게 쉬운 책을 따라 쓰라고?'라는 반응이 나왔다면 잘 고른 겁니다. 아무리 쉬운 책이라고 해도 그 안에 담긴 모든 문장의 구조는 완벽합니다. 그 정도의 문장만 제대로 익혀도 당분간 영어로 글을 쓰는 데 전혀 문제가 없을 정도입니다.

책의 문장을 그대로 따라 쓰는 일은 크게 머리를 쓰고 생각하지 않아도 괜찮으며 음악을 듣거나 잡담을 하면서 혹은 간식을 먹으면서도 할 수 있는 일이기 때문에 아이는 이것을 만만한 공부로 느낍니다. 할 만한 거예요.

한 문장을 반복하여 여러 번 쓰는 것으로 시작하여 한 페이지 모두 쓰기, 한 문단 전체 옮겨 쓰기처럼 분량과 난이도를 높여 가면 됩니다. 이렇게 옮겨 쓰는 동안 손에 익은 영어 문장의 구조가 혼자 힘으로 글을 써야 하는 순간에 빛을 발하게 된답니다. 쓰기 위해서는 싫든 좋든 먼저 읽어야 하기 때문에 영어책 읽기의 효과도 동시에 누릴 수 있습니다.

따라 쓰기가 익숙해지면 하루에 한 문장을 열 번 쓸 때 아홉 번째까지는 보면서 쓰고, 마지막 열 번째는 보지 않고 외워서 써 보는 것도 즐거운 시도가 될 수 있어요.

하루 한 문장 외워 쓰기

매일 영어책 읽기 습관이 자리 잡혀 있다면 영어 독서와 영어 글쓰기를 자연스럽게 연결해 볼 수 있어요. 오늘 읽은 영어책 중 한 문장을 골라 외우게 하는 거예요. 잘 외웠는지 확인하는 방법은 외운 문장을 안 보고 말하게 하는 겁니다. 여기서 발전하면 외운 문장을 공책에 쓰도록 하여 확인하는 방법도 가능해요. 제대로 외웠다면 문법과 어순이 정확한 문장 하나를 써냈다는 의미가 있으며 부족했다면 책에서 확인하고 제대로 쓰면서 쓰는 연습을 더할 수 있겠지요.

이렇게 외운 영어 문장은 단기 기억이기 때문에 쉽게 잊혀질 거예요. 그런데도 의미가 있고 도움이 되는 이유는 문장을 외우기 위해 읽기와 쓰기를 반복하는 과정에서 자연스럽게 영어의 바른 어순과 어법을 익힐 수 있기 때문이에요. 이보다 좋은 연습이 없습니다. 이 단계를 지나 살짝 더 욕심을 내면 (어차피 부모의 욕심이 끝은 없겠지만) 한 쪽의 분량을 모두, 독해문제집 한 단락 정도의 분량을 모두 외워서 쓰는 것도 가능합니다. 첫날은 매우 오래 걸릴 거예요. 여러 문장이 섞이고 꼬이면서 실패할 가능성도 높고요. 그런데 그런 날들이 쌓이다 보면 드디어 성공하는 날을 만납니다. 실패하는 날보다 성공하는 날이 잦아지면서 외워서도 쓰고 그냥도 잘 쓰는 날이 오긴 옵니다. 상상만 해도 설레지 않나요? (부모인 우리는 이런 일에 두근거립니다.)

교재 활용하기

영어 노출이 어느 정도 되어 있고, 한글로도 곧잘 쓰는데 유난히 영어 글쓰기를 막막해하는 아이라면 계단을 함께 올라줄 교재를 활용하는 것도 좋은 방법이에요. 곧 걸을 것 같은데 비틀거리며 다리에 힘을 버쩍 주는 아이에게는 잠시지만 보행기가 든든하잖아요.

아직 안 걸어도 괜찮은데 굳이 걷겠다고 붙잡고 서는 아이 옆을 종일 지키고 있을 수 없을 때 보행기의 도움으로 걸으라며 태워 주는 것처럼, 아직 영어 글쓰기를 안 해도 되는데 굳이 쓰고 싶다는 아이에게는 쉽고 친절한 시중의 교재가 도움이 됩니다.

영어 글쓰기의 조건이 충분히 갖추어졌고, 써 보려는 의지가 있다면 대부분 교재가 아닌 공책만으로 충분히 진행할 수 있기 때문에 일단은 공책만으로 몇 개월 정도 시도하면서 지켜보기를 추천합니다.

영어 글쓰기 교재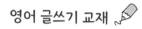

기적의 영어 일기

- 초등학생의 일상을 담은 흥미로운 질문 50개에 영어로 답하면서 초등 필수 영어표현을 익히는 기초 영작 학습서이다.
- 기초표현 50개를 익히면서 더 긴 영어 일기를 쓸 수 있는 힘을 기를 수 있도록 구성되어 있다.

문법이 쓰기다

- 초등 영어에서 다루는 문법을 특징 중심으로 묶어 일일 학습만으로 구성되어 있다.
- 흥미로운 문법 규칙을 익힌 뒤에는 이 지식을 바탕으로 수수께끼를 풀 듯 문장 쓰기 연습을 시작한다.

구글 번역기 활용하기

스마트폰과 AI(인공 지능) 시대에 태어나 성장하고 있는 알파 세대인 지금의 아이들은 스마트폰을 잡는 즉시 순한 양이 됩니다. 일단 스마트폰으로 하는 것은 뭐든 재미있다고 생각하기 때문에 그것이 비록 영어라는 어려운 과제일지라도 흔쾌히 하려는 마음이 생깁니다. 요즘 아이들의 이런 성향을 최대한 활용하여 학습 효과를 극대화할 방법을 소개합니다.

구글 번역기

바로 웹사이트와 스마트폰의 번역기를 이용하는 방식입니다. 처음 몇 번만 사용법을 알려주면 아이들이 더 잘합니다. '구글 번역기'라는 애플리케이션을 설치하고 사용법을 알려주면서 재미있는 문장을 직접 입력했을 때 바로 영어로 번역되는 기능을 소개해 주세요. 며칠 지나지 않아 부모님보다 훨씬 능숙하게 다루며 활용하는 모습을 보게 될 거예요. 아이가 직접 입력한 한글 문장이 번역되어 나오면 영어 문장을 그대로 공책에 옮겨 적으면 오늘의 영어 글쓰기는 끝입니다.

정말 끝이에요. 언제나 강조하듯 시작은 소박하게, 아쉬울 만큼 짧아야 합니다. 영어 글쓰기를 가르쳐 보겠다고 주어+동사, 1형식, 2형식을 가르치며 문법부터 시작하다가는 서로 힘들어집니다. 한 문장만 쓰고 그만 쓰게 해도 번역기가 신기하고 스마트폰 사용이 재미있어 더 하고 싶다고 할 거예요.

이쯤에서 드는 의문이 있습니다. 과연 이렇게 번역된 문장을 옮겨 쓰는 것이 효과가 있을까요? 네. 있습니다. 내가 영어로 입력한 문장이 영어로 어떻게 변화되는지의 과정을 고스란히 관찰할 수 있고, 이 과정이 반복되면 점차 어떻게 번역될지를 예상할 수 있게 되고 나아가 직접 문장을 변형하고, 만들 수 있게 된답니다.

또, 번역된 영어 문장을 눈으로 읽고 직접 공책에 옮겨 적는 과정은 영어 글쓰기의 중요한 습관으로 자리 잡게 됩니다. 직접 만든 문장이 아님에도 영어로 된 문장을 옮겨 쓰는 연습 자체는 자발적인 글쓰기에도 도움이 됩니다.

주어가 생략되는 한글 문장의 특징 때문에 영어 문장 번역이 어색하거나 오류가 생기는 경우가 있어요. 이 경우에는 한글 문장을 입력할 때 '나는' 혹은 '우리는'과 같은 주어를 넣도록 안내해 주면 번역기의 시스템에 쉽게 적응할.수 있습니다.(출처: 『초등 매일 공부의 힘』, 이은경)

4

영어 글쓰기,
매일의 습관 만들기

요즘 아이들, 숙제도 많고 하는 공부도 많고 배우는 것도 많습니다. 참 바빠요. 한글로 글쓰기도 꾸역거리는 아이에게 영어 글쓰기를 권해서 쓰게 하고 매일의 습관으로 만들 수 있을까요? 너무 어렵고 대단한 일 같아서 엄두가 나질 않을 거예요. 많은 부모가 새로운 공부를 앞두고 며칠 알아보다가 머리가 복잡해지면 '모르겠다, 나중에 학원 보내면 되겠지.' 하고 마음을 닫습니다. 속상하지만 확실한 사실은 아이의 학원 공부가 부모 마음 같지 않다는 점입니다.

고개만 돌리면 학생을 기다리고 환영하는 학원이 상가마다 빽빽하고 학원비를 감당할 능력이 된다 해도 아이가 학원을 거부하거나 권태로워하면 방법이 없습니다. 가라고 떠밀면 가긴 가요. 혼나지 않으려고 가는데 가는 것까지만 엄마가 강요할 수 있어요. 떠밀려 도착한 학원, 교실 구석에 앉아 작정한 듯 멍하게 앉아 있습니다. 집중해서 듣기만 해도 부족할 텐데 수업을 그냥 흘려듣지요. 수업 끝나면 공부 다 했다고 집에 와 책가방 던지고 드러누울 거예요. 가라는 학원에 갔고, 수업도 다 듣고 왔으니 당당한 겁니다. 딱히 뭐라 혼낼 상황은 아닌데, 비싼 학원비 내면서 부모가 기대한 것은 이런 모습이 아니었던 것이 분명합니다. 제대로 하라고 확 한 번 지르고 싶은데, 사춘기라고 툴툴거리는 모습 보면 내 자식인데도 눈치가 보입니다. 일단 미뤄 뒀다가 나중에 제대로 비싼 돈 들여 해결하려 했던 계획도 계획대로 되지 못할 변수가 늘 있지요.

그래서 초등에서 힘 빼고 천천히, 서툴면 서툰 대로 시작해 보자는 거예요. 힘만 뺐다면 성공할 수 있는 일은 수없이 많지만 초등에서 하나 뽑는다면 바로 영어 글쓰기랍니다. 힘 빼고 시작해 볼까요?

영어 글쓰기, 어떻게 시작할까?

옆집 아이가 영어 글쓰기를 시작했다는 안타까운 소식이 들려오면 소파에 누워 지내던 엄마도 박차고 일어나 영어 공책을 구해

옵니다. 미루던 냉장고 청소는 몇 주째 그대로인데, 희한하게 이럴 때는 추진력이 솟습니다. 오늘이 그날이구나, 오늘부터 시작이다. 결의에 가득 차죠. (가장 위험한 순간입니다.)

엄마 본인은 의지가 분명하기 때문에 앞뒤 없이 아이에게 공책을 들이밉니다. 평소처럼 하기로 했던 공부 열심히 하고 일기까지 다 쓰고 쉬는 아이에게 말이에요. 우리 아이가 오늘부터 갑작스럽게 영어로 글을 써야 하는 이유는 단 하나, 옆집 아이가 영어 글쓰기를 시작했기 때문입니다. 아파트라는 공간에 옹기종기 모여 살면서 사람 사는 따뜻한 정도 주고받지만, 엘리베이터에서, 1층 현관에서, 놀이터에서 수시로 이웃과 마주치는 우리는 원치 않게 너무 많은 정보를 들으며 살고 있어요. 그래서 우리 아이의 적기를 무시하고 돌진하는 부모의 말에 영문 모르는 아이는 말도 안 된다는 사실을 알면서도 몇 자 쓰지요. 썼는데 역시나 엄마는 실망스러움을 감추지 못하고요. '이럴 거면 왜 쓰라고 한 거야.'라는 말이 올라오지만 누르고 참습니다. 아이는 그렇습니다.

새로운 공부를 추가하고 시작할 때는 언제부터 시작할지, 어느 정도 양으로 시작할지에 관한 협의와 사전 예고가 필요해요. 불쑥 들이밀어서 성공하는 시기는 길어야 초등 3학년 정도까지입니다. 오래가지 못할 방법이에요. 장기적이고 효과적인 방법은 얼마든지 더 일찍 시작해도 좋습니다.

앞에서 설명한 영어 글쓰기를 위한 세 가지 조건을 모두 충족한 아이라면 슬슬 운을 띄어볼 수 있어요. '오늘부터 시작'은 금물입니다. 아무리 급해도 오늘부터를 강요하지 마세요. 다가오는 겨울 방학에는 시간이 많으니 영어 글쓰기를 시도해 볼까, 내년부터 영어로도 한 번 써 볼까, 몇 학년 때부터 영어로 일기를 쓸 수 있을까, 중학생이 되면 영어로 답을 써야 한다는데 언제부터 미리 준비하면 좋을까 등 아이의 의견을 구하면서 영어 글쓰기의 시작을 예고하는 자연스러운 질문이 먼저입니다.

일단 한 번 써 보기

영어 글쓰기의 조건이 충분히 갖춰졌다고 생각되는 아이라도 실제 글쓰기의 결과물은 차이가 큽니다. 영어 노출 정도, 글쓰기 경험 정도, 타고난 언어 지능, 독서(한글, 영어) 정도, 자신감, 성향 등 다양한 변수의 영향을 받기 때문이에요. 그래서 아이의 영어 글쓰기가 예상보다 순탄하다고 해서, 기대보다 많이 별로라고 해서 그 원인을 어느 한 가지 요소라고 정확히 지적하기는 어렵습니다. '아이가 어떻게 영어로 글을 쓰겠어.'라고 단정 지으면 안 되는 이유입니다.

일단 한 번 써 보게 하세요. 엉망인 문장, 엉뚱한 단어를 엮어 가며 뭐라도 써내는 성향의 아이인지, 완벽한 문법과 단어를 찾아가며 끙끙대는 성향의 아이인지 알 수 있고 대략의 가능성도 점쳐 볼 수 있습니다. 뭐라도 썼다면 꾸준히 힘 빼고 진행해 보세요. 전혀 감을 잡지 못하고 한 문장 만드는 데 10분 넘게 걸리면서 울 것처럼 끙끙댄다면 아직 아닌 거예요.

저희 큰아이가 일곱 살 때 어느 날 갑자기 아이 아빠가 종이에 중국, 미국, 한국이라고 적더니 세 가지를 외우라고 하더라고요. 그때만 해도 아이가 천재임을 확신하던 시절이라 한두 번 알려 주면 척척 읽어 낼 줄 알았어요. 열 번도 넘게 읽어 줬고, 외우라고 시간을 한참이나 줬는데도 단어 세 개를 전혀 구분하지 못했어요. 당연했어요. 아직 문자라는 것을 익혀 본 경험이 없었으니까요. 결국 아이 아빠는 아이에 대한 실망으로(천재가 아닐 수도 있겠다는 실망 더하기 불안) 불같이 화를 내며 회초리를 들었고 죄 없는 아이는 눈물, 콧물을 다 쏟으며 중국, 미국, 한국을 구분하고 나서야 잘 수 있었어요.

이게 무슨 말도 안 되는 상황인지, 듣다 보니 어이가 없으시지요? 그런데 마냥 남 일 같지만은 않을 거예요. 아이를 키우면서 이런 식의 말도 안 되는 실수를 한 적이 없었는지, 혹시 요즘 진행형은 아닌지, 짚어 봤으면 해요. (남편, 불쑥 등장시켜서 미안해. 실은 남편도 본인이 그날 왜 갑자기 아이한테 그런 짓을 했는지 이해되지 않는

다고 합니다. 회개했어요.)

못하는 게 아니라 못 할 아이인 것도 아니라 아직 때가 되지 않았을 뿐인 아이에게 왜 너만 못하냐고 혼내고 닦달하지 않았으면 해요. 슬쩍 시도해 보고 되겠다 싶으면 시나브로 습관으로 정착되게 만들어 주면 됩니다. 시도해 봤는데 아직 너무 아니면 깨끗이 접으세요. 지금이 아닐 뿐입니다.

금요일은 영어로 일기 쓰는 날

시작은 주 1회면 충분합니다. (주 1회로 시작하는 원칙은 초등의 다른 공부 과목, 운동, 악기, 생활 습관 등 모든 영역에 적용되며 어른의 습관 만들기에도 최고입니다. 저와 제 아이들이 가진 거의 모든 습관을 이 방법으로 만들었습니다.) 매일 글쓰기를 하는 루틴 중 하루만 살짝 영어로 바꾸면 되는데, 금요일을 추천합니다. 금요일 밤이면 아이들도 기분이 좋아요.

요즘은 아이들의 학업 강도, 학원 일정, 과제량이 어른과 별반 차이가 없습니다. 어쩌면 어른이 일하는 시간보다 아이들이 공부하는 시간이 더 많은 것 같은 날도 있습니다. 어른은 하기 싫으면 안 하고 흐지부지되는 일도 있는데, 아이들은 잘하든 못 하든 열이 펄펄 오르지 않는 다음에야 하기로 한 공부와 숙제는 꼬박 다 마치는 게 기본이니 상당히 고됩니다. 그렇게 밀도와 강도가 높은 한 주를 보내고 맞는 금요일이 설레는 것은 당연하겠지요. (제가 한동안 드라마를 보고 커피 마시러 다니며 빈둥대던 시절이 있었는데, 금요일 밤이 되어도 아무 감흥이 없었어요. 심지어 주말이 싫기까지 했습니다.)

기분 좋은 금요일, 일주일의 고된 공부가 마무리되고 완성되는 느낌이 드는 오후에는 일기를 영어로 쓰는 제도를 도입해 보세요. 그러려면 먼저 영어 글쓰기의 장점을 아이에게 마구 늘어 놓아야 해요. 새로운 공부, 과제를 추가할 때의 부모는 다단계 영업사원으로 변신해야 합니다. 어떤 말을 동원해도 좋으니 될 때까지 아이를 기분 좋게 설득하는 것이 목표여야 해요. 스펠링 틀려도 된다, 한글보다 적게 써도 된다, 문장 이상해도 괜찮다, 그림 섞어도 된다, 한글 섞어도 된다, 한 줄만 써도 된다, 영어로 쓰고 나면 유튜브 10분 더 봐도 된다, 목요일 일기 빼 주겠다, 주말 일기 빼 주겠다, 과자 두 봉지 사 주겠다 등등 아이가 넘어올 때까지 표정 구기지 말고 한결같이 친절하게 설득해 보세요. 이번 달에 돈이 없어서 못 살 것 같다고 하면 무슨 소리냐 카드 된다, 10개월 할부 된다, 3개월 무이자 할부도 된다, 오늘 물건 가져가고 다음 달에 결제해도 된다 등등 어떻게든 구입의 길을 열어 주는 것이 영업사원의 주된 일인 동시에 능력인 것과 같습니다.

내 아이는 내가 가장 잘 설득할 수 있습니다. (그래야 합니다.) 내 아이 마음은 내가 가장 잘 움직일 수 있습니다. 살벌한 분위기 조성해서 억지로 쓰게 만드는 것은 학교 선생님도 학원 선생님도 부모인 나도 어른이라는 권위를 앞세워 얼마든지 당장 해 버릴 수 있지만 그렇게 하지 않는 겁니다. 그게 최고이고 유일한 방법이 아니란 걸 우리는 알고 있으니까요. 열리지 않는 마음이 열릴 때까지 기다려 주고, 부드럽게 열리도록 허용적이고 부드러운 말로 설득하고, 그래서 결국 흔쾌히 한 번 해 보겠다는 마음이 들게 만드는 것. 부모가 아니면 누가 할 수 있을까요?

글쓰기 공책을 펼쳐 놓고 칭찬을 퍼부으며 사랑스럽고 따뜻한 눈길로 파이팅을 외치는 부모가 매일도 아니고 일주일에 딱 한 번 영어로 몇 자 써 보자는데 죽어도 싫다고 할 아이는 없습니다. 마음이 열리고 거부감이 사라져 스스로 결심해서 시작하면 슬럼프를 만나도 곧 이겨 냅니다. 내가 해 보고 싶어서 시작했던 거니까요.

주말의 영어 글쓰기

상대적으로 시간적인 여유가 있고 재미있는 일이 생길 수 있는 주말을 활용하는 것도 괜찮습니다. 어디까지나 엄마 입장에서는 말이지요. 대조적으로 아이에게는 주말의 영어 글쓰기가 상당히 불만스러울 거예요. 엄마가 갑자기 주말에도 일기를 쓰라고 하는데 심지어 영어로 쓰랍니다. 환장합니다. 너무 싫어서 한숨 쉬며 입 내밀면 너 벌써 사춘기냐고 뭐라 합니다. 밑도 끝도 없이 덜컥 추가하니 아이로서는 불만스러운 게 당연한데, 부모님은 툭하면 사춘기 타령을 합니다. 사춘기가 무슨 죄라고 싫은 내색만 하면 사춘기가 소환됩니다.

주말의 영어 글쓰기는 글쓰기 자체에 대한 거부감을 더할 수 있으니 되도록 조심스럽게 접근하되 일상으로 만들 수만 있다면 더없이 아름다운 습관이 되어 줄 것입니다. 아이 옆에 붙어 앉아 사전 찾는 도움이라도 줄 수 있는 여유가 있는 주말, 천천히 한 편씩 함께 완성해 가며 자신감이 생길 때까지 지켜봐 주는 노력이 필요해요. 주말에는 아빠와의 분담도 가능할 수 있으니 평일 내내 아이 공부에 시달리는 엄마도 영어 글쓰기 한 과목만큼은 조금 가볍게 접근하는 방법이기도 합니다.

주말이면 평소보다 게임, 유튜브 시청, 텔레비전 시청하는 시간이 길잖아요. 오늘 했던 게임, 오늘 본 영상, 오늘 본 예능 프로그램 등 평소보다 즐겁게 느꼈던 것에 대해 쓰도록 유도하면 글감 찾기도 어렵지 않습니다. 읽은 책에 대해 쓰라고 하면 머뭇거리는 아이들도 오늘 본 영상에 관해 쓰라고 하면 전문가로 돌변하여 영상을 분석합니다. 영어로 못할 거 있나요, 까짓 거!

퐁당퐁당

주 1, 2회 정도로 시작한 후 슬슬 격일을 시도할 수 있어요. 월/수/금요일은 한글 글쓰기, 화/목은 영어 글쓰기 식으로요. 평일 공부량을 감당하면서 병행하기 때문에 주 1회가 완전히 자리 잡히고 영어 글쓰기에 걸리는 시간이 30분 이하로 줄어들었을 때 시도해야 합니다. 평일의 영어 글쓰기를 급하게 시작하면 이거 한 가지 겨우 하다가 잘 시간 되어 엄마도 아이도 마음 상할 수 있어요.

한글과 영어를 번갈아 쓰는 게 익숙해지면 아이에게 어느 정도의 자율권, 선택권을 주는 것도 가능해집니다. 글을 써야 하는 5일 중(혹은 7일) 한글과 영어의 비중이 절반 정도 되도록 한다는 가이드만 제시하고 무슨 요일에 어떤 글을 쓸지는 아이가 결정하게 하는 거지요.

글 쓰려는 아이에게 '오늘은 한글, 영어 중에 어떤 걸로 쓸 거야?'라는 질문을 해서 결정하게 하는 것으로 엄마의 역할은 끝입니다. 이 질문을 할 때면 2개 국어가 능통한 아이를 키우는 듯한 상당히 행복한 기분이 들어 소개팅 나온 아가씨처럼 고운 목소리가 나옵니다. (꼭 한 번 경험해 보세요.)

이런 방식이 자리를 잡으면 얼마 지나지 않아 질문도 필요없어집니다. 묻지도 않았는데 '오늘은 한글로 쓸 거야.' 혹은 '오늘은 영어로 써야지.'라고 다짐하더니 혼자 쓰기 시작합니다. 이보다 더 사랑스러울 수가 없습니다.

진정 더욱 사랑스러운 장면은 조금만 더 기다리면 만날 수 있습니다. 바로 영어 글쓰기를 마친 아이가 '한글도 쓸래.', 한글로 쓰고 난 아이가 '영어로도 쓸래.' 하면서 두 편을 뚝딱 써내는 순간입니다. 살다 보면 그런 날이 오기는 옵니다. 가만히 기다리면 오는 게 아니라 아이가 어렵지만 시도해 보려 하고, 서툴지만 완성해 보려 하고, 더 잘하고 싶어 노력하는 순간마다 동네에서 BTS를 마주친 것처럼 들썩이면서 환호하고 기뻐하고 감탄하고 펄쩍 뛰면서 격한 반응을 보이면 그런 날이 올 거예요. '우리 아이는 어차피 글렀어.' 하며 선을 긋고 아이의 가능성을 제한하지 마세요.

초등 담임을 하면 1학기보다 2학기가 진하고 좋습니다. 반 아이들과 담임인 제가 어느 정도 서로의 성격을 파악한 상태에서 마음을 열고 깊어지는 시기이기 때문이에요. 겨울 방학이 다가올 즈음이면 친구처럼 별 이야기를 다 주고받습니다. 교감 선생님께 불려가서 혼난 날이나 남편과 다투고 출근한 날의 울적한 기분이 반 아이들과의 수다로 말끔히 풀어진 적도 많았어요.

제가 마음을 열었던 만큼 아이들도 제게 마음을 열어 보여 주는데 주로 부모님에 대한 서운한 감정을 털어 놓을 때가 많았습니다. 저는 어차피 틀렸대요, 저보고 대학 못 갈 거래요, 그딴 식으로 할 거면 학원 끊으래요, 공부 못하니까 돈이나 많이 벌래요. 아이들을 움츠러들게 만드는 부모의 말, 낯설지 않을 거예요. (저 역시도 제 아이에게 했던 말이고요.)

기대가 크기 때문에, 아이를 사랑하기 때문에 아이를 위해서 한 다고 했던 말이 아이를 움츠러들게 만듭니다. 부모는 내 아이가 어 디 나가서 당하고 기죽을까 걱정하지만 아이를 기죽게 만드는 것 은 사실 부모인 경우가 훨씬 많았습니다.

시켜 보기는 하겠지만 제대로 못 할 것 같다는 불길한 느낌은 굳이 입 밖으로 내지 마세요. 누구에게도 필요없는 말입니다. 해낼 것 같다는 마음에 없는 말을 도저히 못 하겠으면 차라리 아무 말도 하지 마세요. 그게 아이를 돕는 일입니다. 괜한 말로 아이 주눅 들 게 하지 마세요. 해낼 수도 있었을 아이를 불가능한 아이로 선 긋 고 포기해 버리지 마세요. 아이를 믿고 기회를 주세요. 기회는 될 때까지 계속 주는 겁니다.

기우제를 지내면 반드시 비가 온대요. 이유는 비가 올 때까지 멈추지 않고 계속 지내기 때문이래요. 계속 격려하고 칭찬하면 아 이가 잘하게 되는데 그 이유를 아세요? 잘하게 될 때까지 멈추지 않고 계속 격려하고 칭찬했기 때문이에요.

영어 글쓰기를 위한 공책 선택법

영어를 바르게 쓰는 연습을 위한 영어 공책이 있어요. 알파벳 대·소문자를 익히는 단계에서 한 번씩 거치는데, 영어니까 줄곧 영어 공책에 써야 하는지, 언제까지 그래야 하는지에 대해 생각해 보려고 합니다. 결론부터 말하면 알파벳을 익히는 시기에는 필수, 이후의 영어 글쓰기를 위해서는 굳이 필요하지 않아 한글 글쓰기처럼 일반 줄 공책을 사용하면 됩니다.

영어 공책은 이렇게 생겼습니다. 문구사 어디에나 있어요. 영어라는 문자가 한글과 눈에 띄게 다른 점은 대·소문자의 두 가지 버전이 있다는 점, 글자 간의 높낮이가 있다는 점이에요. 대·소문자의 쓰임새를 알아 구분하여 쓰는 것과 적절한 높낮이로 쓰는 것이 영어 글쓰기의 기본 원칙입니다. 그래서 대·소문자를 알아가면서 영어 글쓰기를 처음 접하는 시기에는 한동안 영어 공책의 도움이 필요합니다.

대·소문자의 높낮이는 글쓰기 초반에 영어 공책을 통해 연습해 놓으면 이후로는 크게 신경 쓰지 않아도 됩니다. 높낮이가 일정해야 잘 된 글로 쳐 주는 한글과 상반되는 특징이지요.

영어 공책으로 알파벳, 간단한 단어 쓰기, 영어책 따라 쓰기 등

영어 공책 표지, 본문
(출처: 모닝글로리)

기본적인 연습으로 영어 글쓰기 준비가 되었다면 줄 공책으로 시도해 보세요. 높낮이 때문에 한글보다 공간을 많이 차지하기 때문에 고학년용 좁은 줄보다는 저학년용 넓은 줄이 적당합니다.

좁은 줄에 쓰면 더 많이 쓰지 않겠냐는 계산으로 급하게 좁은 줄 공책을 사서 내미는 경우가 많아요. 그런데 제가 써도 좁더라고요. 좁은 줄 안에서 높낮이까지 생각해서 쓰려니 자꾸 줄 위아래를 넘나들고, 그러지 않으려니 글씨가 너무 작아지고, 그러다 보니 쓴 양에 비해 결과물이 초라해 보이고, 그래서 열심히 썼는데도 좀 허탈합니다.

가장 큰 문제는 좁은 줄을 비집고 쓰다 보면 쓰는 내내 줄을 벗어나기 위해 애쓰느라 에너지가 많이 든다는 것입니다. 양을 늘리기보다 넓은 줄 안에서 편안하고 시원스럽게 써 내려가게 하세요.

'오늘은 한글과 영어 중 뭘로 쓸까?' 정도로 영어 글쓰기가 한글처럼 편안한 습관이 되고 나면 영어와 한글 공책을 따로 사용하는 방법과 한 공책에 두 가지 글쓰기를 모두 담는 방법 중 하나를 선택할 수 있어요. 따로 쓰는 경우라면 언어마다 글쓰기 실력 향상이 뚜렷이 눈에 보이는 장점이 있고, 한 곳에 담는다면 좀 더 편하게 두 가지 언어를 오가며 글쓰기를 시도해 볼 수 있다는 장점이 있습니다.

이 시기가 되면 공책을 펼쳐 왼쪽과 오른쪽에 같은 내용의 글을 한글과 영어로 적어 보는 경험도 색다른 성취감을 줍니다. 작가님 이었던 아이가 번역가님이 되는 거예요.

이 경험의 핵심은 얼마나 정확하게 번역했는가, 문법적으로 정확한가, 빠짐없이 다른 언어로 옮겨 적었는가가 아니에요. (전문 번역가도 힘들어 머리 싸맵니다.) 완전히 다른 두 개의 언어지만 같은 내용을 담을 수 있다는 것, 나만의 방식으로 두 가지 언어를 활용할 수 있다는 것, 한 언어에서 쉽고 간단한 표현이 다른 언어에서 복잡하고 까다로울 수도 있다는 것 등을 직접 경험하면서 이전에 갖지 못했던 생각의 폭을 훌쩍 넓혀줄 수 있습니다.

맺음말

    저는 글을 참 좋아합니다. 그중에서도 아이들이 쓴 글을 정말 좋아합니다. 글을 읽으면 아이의 마음과 생각과 꿈을 조금이나마 짐작해 볼 수 있어 틈만 나면 글 쓸 핑계를 찾던 교사였습니다.

    아이들과 함께 쓰고, 쓴 글을 바꾸어 읽고, 서로의 글에 칭찬을 보내고, 글을 멋지게 옮겨 적고 꾸며 교실 벽과 복도를 장식하고, 우리 반 모두의 글을 모아 문집으로 만들었던 오랜 시간이 모여 또 한 권의 책이 이렇게 세상에 닿게 되었습니다.

    또, 이 책은 글과는 거리가 먼 평범한 직장인이고 교사였던 제가 글을 업으로 삼기까지 걸어온 서툰 길에서 했던 실수, 그 실수를 통해 얻게 된 요령을 교실과 모든 가정의 아이들에게 적용하고 보완해 온 결과물이기도 합니다.

글쓰기는 어렵습니다. 초등 아이들은 글쓰기를 싫어합니다. 싫어한다고 그냥 둘 수 없습니다. 매일 무언가를 쓰는 습관은 부모만이 만들어 줄 수 있는 어렵고 묵직한 숙제입니다. 그 부담스러운 숙제에 힘을 보태 드리고 싶습니다.

책의 기획부터 마무리까지 일 년여의 긴 시간 동안 한결같이 따뜻한 지지와 격려를 보내 주신 상상아카데미 출판사 편집부에 감사의 마음을 전하고 싶습니다. 저자와 편집자만의 만족에 그치지 않고 아이를 바라보며 비슷한 고민을 하는 누군가에게 선뜻 손 내미는 책이 되기를 바라는 마음으로 노력과 진심을 담았습니다.

여전히 부족한 제 글이 책이 될 수 있는 것은 기다려 읽어 주시는 분들 덕분임을 기억합니다. 책이 세상에 나올 때마다 성실하게 읽어 주시고 애정 가득한 후기를 남겨 주시고 함께 차근히 성장하고 계신 사랑하는 독자님들께 진심을 담아 감사를 전합니다.
제가 가진 것 중 더 나눌 것이 있는가를 살펴, 계속해 부지런히 엮어내는 사람이 되겠습니다.

* 덧붙임_혼자 쓰기 어려운 아이들을 위해, 혼자 가르치기 바쁜 부모님을 위해 글쓰기를 위한 제 강의 영상을 공유하고 있습니다. 유튜브 채널 "매생이클럽"에 놀러 오세요.

2021년을 시작하며
쓰는 사람, 이은경 드림

초등 아이가
쉽게 틀리는
맞춤법 카드

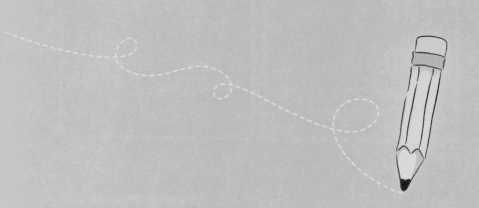

헷갈리기 쉬운 표현

낳다 VS. 나았다

아기를 낳다.
감기가 나았다.

낫다 VS. 났다

A가 B보다 낫다.
뽀루지가 났다.

틀리다 VS. 다르다

답이 틀리다.
색깔이 다르다.

~던지 VS. ~든지

얼마나 춥던지!
사과를 먹든지 참외를 먹든지

바래다 VS. 바라다

색깔이 바래다.
꿈이 이루어지기를 바라다.

예요 VS. 이에요

저기 있는 동물은 원숭이예요.
무슨 동물이에요?

맞추다 VS. 맞히다

새 옷을 맞추다.
정답을 맞히다.

어떻게 VS. 어떡해

집에 어떻게 가는지 알고 있다.
자꾸 늦으면 어떡해?

~히 VS. ~이

꼼꼼히, 익숙히, 특별히
틈틈이, 기꺼이, 일찍이

베다 VS. 배다

나무를 베다.
냄새가 배다.

있다가 VS. 이따가

집에 있다가 나왔다.
이따가 만나자.

안 VS. 않

현서가 밥을 안 먹는다.
현서가 밥을 먹지 않는다.

가르치다 VS. 가리키다

선생님께서 가르쳐 주신다.
꽃을 가리키며 밝게 웃는다.

늘리다 VS. 늘이다

재산을 늘리다.
고무줄을 길게 늘이다.

다리다 VS. 달이다

옷을 다리미로 다리다.
약을 전통 방식으로 달이다.

들르다 VS. 들리다

집에 잠깐 들르다.
밤에 풀벌레 소리가 들리다.

~로서 VS. ~로써

나영이는 회장으로서 최고다.
이 연필은 필기구로써 최고다.

매다 VS. 메다

운동화 끈을 매다.
가방을 메다.

무치다 VS. 묻히다

나물을 무치다.
옷에 흙을 묻히다.

반드시 VS. 반듯이

반드시 이길 것이다.
반듯이 앉아서 책을 읽다.

벌리다 VS. 벌이다

다리를 크게 벌리다.
잔치를 크게 벌이다.

부치다 VS. 붙이다

소포를 부치다.
봉투에 우표를 붙이다.

잃다 VS. 잊다

우산을 잃어버렸다.
생일을 잊어버렸다.

~장이 VS. ~쟁이

우리 할아버지는 대장장이시다.
나영이는 욕심쟁이다.

왠지 (O)

웬지 (X)

안 돼요 (O)

안 되요 (X)

웬만하면 (O)

왠만하면 (X)

설레다 (O)

설레이다 (X)

단언컨대 (O)

단언컨데 (X)

대물림 (O)

되물림 (X)

오랜만이야 (O)

오랫만이야 (X)

갔다 오다 (O)

갓다 오다 (X)

역할 (O)

역활 (X)

정답을 맞히다 (O)

정답을 맞추다 (X)

셋째 (O)

세째 (X)

희한하다 (O)

희안하다 (X)

어이없다 (O)

어의없다 (X)

요새 (O)

요세 (X)

며칠 (O)

몇일 (X)

졸리다 (O)

졸립다 (X)

재작년 (O)

제작년 (X)

건드리다 (O)

건들이다 (X)

도대체 (O)	날아가다 (O)
도데체 (X)	날라가다 (X)

인마 (O)	넝쿨 (O)
임마 (X)	덩쿨 (X)

뒤치다꺼리 (O)	빈털터리 (O)
뒤치닥거리 (X)	빈털털이 (X)

움츠리다 (O)

움추리다 (X)

앳되다 (O)

애띠다 (X)

구시렁거리다 (O)

궁시렁거리다 (X)

널브러지다 (O)

널부러지다 (X)

핼쑥하다 (O)

핼쓱하다 (X)

움큼 (O)

웅큼 (X)

느지막하다 (O)

느즈막하다 (X)

떡볶이 (O)

떡뽁이 (X)

담갔다 (O)

담궜다 (X)

봬요 (O)

뵈요 (X)

고깔 (O)

꼬깔 (X)

건더기 (O)

건데기 (X)

띄어쓰기, 이게 맞아요

한∨번∨더 만나기로 했다.

나는 아홉∨살이다.

지금 가는∨데가 어디야?

밥을 먹은∨지가 오래됐어.

김나영∨선생님

나는 할∨수∨있다.

비가 와야 할∨텐데.

역시 친구밖에 없어.

하늘을 봤을∨때

잠을 못∨잤어.

세뱃돈 오천∨원

연필,∨지우개,∨자

4 문장부호

문장부호	이름	쓰임새
.	마침표	풀이하는 문장의 끝에서 문장의 마침을 나타낼 때 쓴다.
,	쉼표	이름이나 물건이 연속해서 나올 때 또는 사람을 부르거나 대답할 때 쓴다.
?	물음표	무엇이 궁금해서 물어볼 때 쓴다.
!	느낌표	어떤 것에 대한 강한 느낌을 나타낼 때 쓴다.
" "	큰 따옴표	대화하는 부분에 쓴다.
' '	작은 따옴표	생각이나 속마음을 나타낼 때 쓴다.

참고 문헌

참고 도서

- 강선영, 강현문, 곽영미, 김경란, 김경희, 김미애, 김순성, 김점선, 김지연1, 김지연2, 박선희, 박재광, 배성호, 백선혜, 오수민, 이은정,『세 마리 토끼 잡는 초등 어휘 A1』, NE능률, 2018.
- 강원국,『강원국의 글쓰기』, 메디치미디어, 2018.
- 강원국,『나는 말하듯이 쓴다』, 위즈덤하우스, 2020.
- 권귀헌,『엄마의 글쓰기』, 서사원, 2020.
- 권귀헌,『초등 글쓰기 비밀 수업』, 서사원, 2019.
- 권민희, 엄은경,『기적의 맞춤법 띄어쓰기 1권 기초 편』, 길벗스쿨, 2016.
- 기적학습연구소,『4주 만에 완성하는 바른 글씨 고학년용』, 길벗스쿨, 2019.
- 기적학습연구소,『4주 만에 완성하는 바른 글씨 저학년용』, 길벗스쿨, 2019.
- 김성효,『초등 공부, 독서로 시작해 글쓰기로 끝내라』, 해냄, 2019.
- 남미영,『공부머리를 완성하는 초등 글쓰기』, 21세기북스, 2019.

- 노정미, 명대성, 박미경, 송현진, 유현정, 이동미, 이성종, 이은경, 이은주, 이장원, 이정은, 이현정, 최지욱, 한송이, 황희진, 『초등 매일 습관의 힘』, 황금부엉이, 2020.
- 동아출판 편집부, 『초능력 맞춤법+받아쓰기 1단계 1~2학년』, 동아출판, 2018.
- 매리언 울프, 『책 읽는 뇌』, 살림출판사, 2009.
- 문윤희, 『책읽기 싫어하는 아이도 글쓰기는 즐겁다』, 한림출판사, 2010.
- 민상기, 『초등학생이 좋아하는 글쓰기 소재 365』, 연지출판사, 2019.
- 박재찬, 『상상력을 키워주는 하루 한 장 초등 글쓰기』, 테크빌교육, 2020.
- 박재찬, 『창의력을 키워주는 하루 한 장 초등 글쓰기』, 테크빌교육, 2020.
- 박태하, 『책 쓰자면 맞춤법』, xbooks, 2015.
- 보니 노이바우어, 『창의적 글쓰기 100일의 기적』, 넥서스BOOKS, 2017.
- 사회적기업 인문학카페, 이명재, 『김소월을 따라 쓰다』, 인문학카페, 2019.
- 송숙희, 『따라 쓰기의 기적』, 유노북스, 2019.
- 송숙희, 『초등학생을 위한 150년 하버드 글쓰기 비법』, 유노라이프, 2020.
- 송숙희, 『150년 하버드 글쓰기 비법』, 유노북스, 2020.

- 송현지, 『일기 쓰기 재미 사전』, 고래책빵, 2020.
- 신사고초등콘텐츠연구회, 『우공비 일일어휘 2단계』, 좋은책신사고, 2019.
- 신성욱, 『조급한 부모가 아이 뇌를 망친다』, 어크로스, 2014.
- 신우성, 『미국 글쓰기 교육 일본 책읽기 교육』, 어문학사, 2014.
- 신진상, 최양희, 『입학사정관제 시대, 초등 글쓰기가 정답이다』, 인디북스, 2009.
- 여장은, 『기적의 영어일기 한 줄 쓰기 편』, 길벗스쿨, 2019.
- 연세대학교 언어정보연구원, 『동아 연세 초등 국어사전』, 동아출판, 2020.
- 유시민, 『유시민의 글쓰기 특강』, 생각의길, 2015.
- 윤희솔, 『하루 3줄 초등 글쓰기의 기적』, 청림Life, 2020.
- 윤희철, 『일단 시작하는 힘』, 비에이블, 2020.
- 이권우, 『책읽기부터 시작하는 글쓰기 수업』, 한겨레출판, 2015.
- 이성종, 이은경, 『초등 자기주도 공부법』, 한빛라이프, 2020.
- 이은경, 『초등 매일 공부의 힘』, 가나출판사, 2019.
- 이은경, 『초등 완성 매일 영어책 읽기 습관』, 비에이블, 2020.
- 전광진, 『속뜻풀이 초등국어사전』, 속뜻사전교육출판사, 2020.
- 전위성, 『국단어 완전 정복 초등 국어 4-2』, 오리진에듀, 2020.
- 찰스 두히그, 『습관의 힘』, 갤리온, 2012.
- 최승필, 『공부머리 독서법』, 책구루, 2018.
- 최진수, 『땀샘 최진수의 초등 글쓰기』, 맘에드림, 2016.

- 키 영어학습방법연구소, 『초등 영문법 문법이 쓰기다 기본 1』, 키출판사, 2015.
- 토박이 사전 편찬실, 『보리 국어사전』, 보리, 2020.
- 하은, 『알수록 재미있는 사자성어 따라 쓰기』, Gbrain(지브레인), 2020.
- 하은, 『알수록 재미있는 초등 속담 따라 쓰기』, Gbrain(지브레인), 2020.
- 한날, 『읽으면서 바로 써 먹는 어린이 맞춤법』, 파란정원, 2019.
- 해피이선생, 『초3보다 중요한 학년은 없습니다』, 사람in, 2020.
- Mr. Sun 어학연구소, 『맞춤법 천재가 되다!』, oldstairs(올드스테어즈), 2020.
- 826 VALENCIA, 『창의력을 키우는 초등 글쓰기 좋은 질문 642』, 넥서스FRIENDS, 2016.

참고 논문

- 권순희, 『논리적인 글쓰기 능력 향상을 위한 연구: 초등학생을 대상으로』, 창원대학교, 2009.
- 권순희, 『초등학생 글쓰기에 나타난 언어 발달 양상=Aspect of Language Development in Writing of Elementary School Students』, 한국초등국어교육학회, 2009.
- 김은주, 『독서기반 토의·토론 프로그램이 초등학생의 글쓰기 능력에 미치는 영향』, 가톨릭대학교, 2013.

- 김현진, 『영어 자유 글쓰기 활동이 초등학교 6학년 아동의 영어 쓰기 능력에 미치는 효과』, 진주교육대학교, 2006.
- 박애리, 『'일기 쓰기'가 초등학생의 글쓰기 '흥미도'에 미치는 효과』, 세종대학교, 2007.
- 박영희, 『초등학생의 글쓰기 화제 선호도 연구』, 부산교육대학교, 2010.
- 최명환, 『초등 글쓰기 평가의 개선 방안: 예비교사의 담문 평가를 중심으로=Better Way for Elementary Writing Evaluation』, 한국초등국어교육학회, 2008.
- 황보길화, 『초등학교 글쓰기 능력 신장의 방법 연구: 갈래 바꿔 쓰기를 활용하여』, 국민대학교 , 2007.

초등 매일 글쓰기의 힘

1판 1쇄 펴냄 | 2021년 2월 15일
1판 13쇄 펴냄 | 2022년 6월 20일

지은이 | 이은경
발행인 | 김병준
편   집 | 김경찬·박유진
마케팅 | 정현우
디자인 | 김은영·이순연
발행처 | 상상아카데미

등록 | 2010. 3. 11. 제313-2010-77호
주소 | 서울시 마포구 독막로6길 11(합정동), 우대빌딩 2, 3층
전화 | 02-6953-8343(편집), 02-6925-4188(영업)
팩스 | 02-6925-4182
전자우편 | main@sangsangaca.com
홈페이지 | http://sangsangaca.com

ISBN 979-11-85402-34-5 03370